Devant la création

André Beauchamp

Devant la création
Regards de science, regards de foi

FIDES

Données de catalogage avant publication (Canada)

Beauchamp, André, 1938-
Devant la création : regards de science, regards de foi
(Collection Vivre sa foi)
Comprend des réf. bibliogr.

ISBN 2-7621-1969-3

1. Nature. Aspect religieux. Christianisme. 2. Création.
3. Environnement - Dégradation - Aspect religieux - Christianisme.
4. Nature . Aspect religieux - Christianisme - Méditations.
I. Titre. II. Collection.

© Éditions Fides, 1997
Dépôt légal : 2ᵉ trimestre 1997
Bibliothèque nationale du Québec

Les Éditions Fides bénéficient de l'appui du Conseil des Arts et de la Société
de développement des entreprises culturelles du Québec (SODEC).

Introduction

Croire au créateur ?

Nous disons au début du Credo

> Je crois en Dieu, le Père tout-puissant
> créateur du ciel et de la terre.

Le monde et ce qui nous entoure sont depuis la nuit des temps une énigme. Pourquoi existe-t-il quelque chose plutôt que rien ? D'ailleurs, existe-t-il réellement quelque chose ? Peut-être ce que nous pensons de la réalité n'est-il qu'un rêve. « Ferme tes jolis yeux, car tout n'est que mensonge. Le bonheur n'est qu'un songe, ferme tes jolis yeux », chantait une berceuse de mon enfance. L'amour pourrait n'être qu'un rêve. L'existence aussi ? Pascal disait qu'entre un roi qui rêverait douze heures par jour qu'il est un artisan et un artisan qui rêverait douze heures par jour qu'il est un roi, il n'y aurait guère de différence.

Quand ils affirmaient que Dieu a créé le ciel et la terre, les anciens ne prétendaient pas faire de la science. Par les mots ciel et terre, ils désignaient l'ensemble du monde. Le monde, c'est-à-dire la terre qu'on imaginait plate et reposant sur des piliers, les océans, les rivières, les arbres, les animaux. Ils s'imaginaient un monde d'en bas, sous la terre avec des eaux caverneuses habitées de monstres terrifiants. Au-dessus de la terre, une grande coupole, le ciel, d'où pendent des candélabres, les étoiles. Les planètes à leur avis tournaient autour de la terre, y compris le soleil. Et tout en haut, dans la coupole céleste qui englobait la terre comme un immense couvercle, des vannes qui s'ouvrent et laissent passer les eaux d'en haut se déversant sur la terre sous forme d'averses ou d'orages.

« Créateur du ciel et de la terre », dit le symbole des apôtres. Le symbole de Nicée-Constantinople est plus bavard. Il ajoute : « de l'univers visible et invisible ». Pour le monde invisible, on pense tout de suite aux anges et aux esprits, à des forces insaisissables qui semblent agir secrètement dans le monde, anges ou démons. Une prière de ma jeunesse parlait de « Satan et des autres esprits mauvais qui parcourent le monde pour la perte des âmes ». L'être humain se perçoit comme au centre d'un combat épique entre des forces du mal et des forces du bien, entre Michel, le bon ange, et Satan, l'ange de lumière devenu chef des démons.

Il n'est donc pas si simple de croire que Dieu a créé le ciel et la terre, l'univers visible et invisible. Bien des gens pensent plutôt que Dieu se confond avec le ciel et la terre. Le philosophe Spinoza disait : Dieu ou la Nature, signifiant que les deux mots se confondent, désignent la même chose, que la totalité du monde, c'est Dieu, que le monde est divin et que Dieu c'est toutes choses. Il suffirait donc de se dissoudre en lui. Dire que Dieu est créateur du ciel et de la terre, c'est, au contraire, affirmer que Dieu ne se confond ni avec la nature, ni avec le monde. La nature est ce qu'elle est, fascinante, complexe, envoûtante. Dieu serait autre, le Tout-Autre.

L'être humain naît dans la nature, fragile et fugace. Il y grandit, y meurt. Il y retourne enfin, dans le sol comme un grain de blé, ou dissipé dans l'air ou l'eau sous forme de cendres, qu'importe. Cette réintégration dans le cosmos ne fait toujours que symboliser un prolongement des éléments chimiques qui, pendant un trop bref instant, se sont comme donné rendez-vous dans l'unité d'un corps et dans une histoire d'homme ou de femme. Face à ce cycle de la nature, affirmer un Dieu créateur, c'est postuler un être extérieur à cet enchevêtrement de causes et de phénomènes. Il a créé tout cela par une décision libre à laquelle on ne peut donner aucune nécessité. Nous cherchons les mots adéquats et ne trouvons que des mots usuels : liberté, gratuité, amour, création.

Si Dieu n'existe pas, le monde existe depuis toujours, nécessairement, car, alors, il est la seule réalité. Mais nous ne sommes en ce cas qu'un accident du monde, un moment éphémère, une illusion passagère. Si Dieu existe au contraire, il est assez étonnant que le monde existe puisque Dieu n'avait nul besoin de le faire exister. Il faut alors intuitionner que le monde est œuvre d'amour et de liberté de la part de Dieu. Mais, en ce cas, comment expliquer l'existence du mal ? Comment un Dieu créateur et bon est-il conciliable avec le monde tel que nous le connaissons ? Ne dit-on pas que la planète se meurt et que la pollution menace les espèces animales et végétales, jusqu'à la limite de la mort de l'espèce humaine elle-même ? Quel est le sens de cette menace terrifiante, de ce mal ultime ?

Le présent livre ne veut pas s'attarder à l'explication du mal et de la liberté. Il propose simplement une méditation à haute voix sur le mystère de la nature en tant que création de Dieu. Si nous croyons au Dieu créateur du ciel et de la terre, comment voyons-nous la nature ? Comment concilions-nous les vieux récits de la création avec ce que laisse

entrevoir l'état actuel de la connaissance scientifique? Et par-dessus tout, comment vivre avec et
dans la Nature? Comment assumer nos responsabilités dans un monde si perturbé qu'on laisse
entendre une fin possible à l'aventure humaine?

Faut-il baisser les bras en attendant la fin? Faut-
il abandonner les grands récits bibliques et nous
tourner vers d'autres sagesses? Pouvons-nous au
contraire garder le meilleur de notre héritage chrétien et redéfinir notre place dans le monde? Évoquant la crise écologique, le langage populaire parle
souvent de sauver la planète. Je n'aime pas beaucoup
l'expression car, à mon sens, la planète n'est pas en
péril. Mais nous, les humains, pourrions être en
péril. Nous sapons peu à peu les bases biologiques
de notre existence. Si l'air et l'eau se détériorent, si la
terre se couvre de béton, si la mer est vidée de ses
poissons, si les forêts sont coupées plus vite qu'elles
ne repoussent pour devenir papier journal, alors
nous pourrions mourir au bout de notre besoin
insatiable de dominer, de consommer, de détruire.
C'est pour cela qu'il faut faire une nouvelle alliance
avec la terre, avec toute la création, pour chercher
moins à la dominer qu'à la comprendre, pour tra-
vailler avec elle plutôt que contre elle, pour
apprendre à grandir en respectant ses fragilités et ses
limites maintenant que nous savons qu'elle en a.

En environnement, il existe une littérature considérable qui ne cesse de se développer. Le petit livre que voici ne veut ni remplacer ni résumer ces écrits utiles et importants. Il ne prétend pas présenter un programme écologique de gestion de la Terre. Il ne veut pas non plus ajouter son cri d'alerte aux autres cris d'alarme qui surgissent de partout. Il veut simplement répondre à une question plus modeste : comment vivre sa foi dans le contexte de la crise écologique ? Comment comprendre la nature comme une création de Dieu ? Comment y vivre comme croyants et croyantes ? Comment y prier ? Comment apprendre des autres systèmes de croyance ?

Simple promenade au pays de nos ancêtres, de nos contemporains, de nos descendants. Dans la tradition amérindienne, on dit que chacun de nous se tient au centre de sept générations : les bisaïeuls, les grands-parents, les parents, les enfants, les petits-enfants et les enfants de ces derniers. La bénédiction nuptiale souhaitait aux époux de voir leurs enfants jusqu'à la quatrième, voire la cinquième génération. Nos ancêtres qui pensaient que la durée du cosmos était bien brève (quelques milliers d'années) avaient pourtant un profond respect de la durée et voyaient leur vie s'inscrire sur six, sept, huit générations. Nous, au contraire, qui avons une meilleure idée de la profondeur du temps, avons tendance à penser que tout commence et finit avec notre seule génération. Nous sommes une génération obsédée d'elle-même (me, myself and I, selon l'expression anglaise) qui veut tout avoir en oubliant son passé, en se fichant de l'avenir.

Je vous propose le chemin inverse. D'où venons-nous, où allons-nous, mais surtout que venons-nous faire ici, humbles habitants de la Terre, l'insignifiante planète d'un système solaire minuscule dans une petite galaxie flottant dans l'espace infini? Dans un premier chapitre, je présenterai l'histoire du monde et de la vie comme on le fait dans la culture scientifique d'aujourd'hui, culture largement diffusée à l'école, à la télévision, à la radio, au cinéma. Au chapitre suivant, je m'attarderai sur les récits de création qui nous viennent de la tradition chrétienne, en essayant d'en dégager le sens pour aujourd'hui. Plongé d'emblée dans la culture actuelle, le lecteur comprendra mieux le sens réel de son héritage religieux et sera plus à même de situer les querelles survenues entre la science et la foi. Toutefois, le lecteur qui préférerait aborder d'abord la vision de foi peut commencer par le chapitre deux puis revenir au chapitre un.

Dans le chapitre trois, je propose une vision de la création, c'est-à-dire une façon de voir la création à partir de la foi chrétienne vécue dans la situation contemporaine. Comment dire et vivre notre foi au Dieu créateur?

Le chapitre suivant aborde la question écologique et suggère quelques éléments d'une spiritualité chrétienne de l'environnement. Domaine immense que l'on commence à peine à prospecter et qui évoquera la conclusion.

Avant de lire le présent livre, je précise les questions que je me pose devant la création.

Quelles sont mes question relatives aux sciences?

Y a-t-il des dimensions de la foi chrétienne qui me semblent obscures ou controversées en ce domaine?

Le spectacle de la nature et du cosmos est-il pour moi une source d'émotion?

Yahvé, notre Seigneur, que ton Nom
est magnifique par toute la terre!

Lorsque je vois tes cieux, l'œuvre de tes doigts,
la lune et les étoiles que tu as établies,
qu'est-ce qu'un mortel, pour que tu t'en souviennes
et un fils d'homme, pour que tu le visites?

(Psaume 8, 2. 4-5, traduction Osty)

I

Si l'univers m'était conté

Les rapports entre la religion et la science n'ont jamais été faciles. Ils ne le seront probablement pas davantage dans les années à venir. C'est que le domaine de la science a besoin, pour progresser, d'ébranler constamment les certitudes acquises et d'imaginer des hypothèses nouvelles. Il doit mettre en question le cadre dans lequel s'inscrivent les connaissances acquises (les théoriciens utilisent en ce cas le mot de paradigme) tandis que la religion cherche plus à confirmer la validité de l'expérience spirituelle et donc à défendre les certitudes en place. Vieux procès, toujours renaissant et jamais terminé.

Y a-t-il un commencement du monde?

Nul d'entre nous n'a vu le commencement de l'univers. D'ailleurs l'univers a-t-il vraiment commencé? Aujourd'hui, les astrophysiciens essaient de nous raconter de manière plausible le début du cosmos. À partir d'une série d'observations fort complexes sur, par exemple, le spectre de la lumière et la position des astres et en tenant compte de ce qui est connu par ailleurs en physique, on émet l'hypothèse que notre univers est en expansion et que les galaxies s'éloignent les unes des autres. Cela permet de postuler qu'à l'inverse les galaxies étaient autrefois rapprochées et même concentrées en un point initial. Le monde aurait eu un début. C'est la théorie du Big Bang qui, cherchant à expliquer l'univers tel que nous l'observons maintenant, en vient à postuler une explosion de départ.

Il y a quinze milliards d'années, une masse minuscule d'une densité et d'une puissance inouïe aurait explosé et ne cesserait, depuis, de se distendre, un peu comme on imagine un ballon que l'on gonfle et dont tous les points à la surface s'écartent les uns des autres au fur et à mesure du gonflement. Cette explosion d'une lumière originale aurait donné naissance aux galaxies, aux nébuleuses, aux étoiles, etc. Ici d'ailleurs, le temps et l'espace se mesurent réciproquement. Les milliards d'années de la durée sont aussi des milliards d'années lumière, c'est-à-dire l'espace franchi par la lumière durant tout ce temps, au rythme d'environ 300 000 kilomètres à la seconde.

Ainsi, à l'origine de l'univers, il y aurait eu une explosion primordiale. Mais qu'y eut-il avant l'explosion, demande l'interlocuteur? Qu'est-ce qui a poussé cette masse originelle à exploser? À cela le savant ne peut répondre car, en rigueur de termes, au plan scientifique, il n'y a pas d'avant. Si le Big Bang fait surgir le temps et l'espace, avant il n'y a donc ni temps, ni espace. Si le temps commence d'exister au Big Bang, avant n'existe pas, puisqu'il faudrait un temps antérieur au temps. Pour le scientifique, c'est donc une question vaine, simple déroute de l'imagination. Cela rappelle un poème de Béart : « Il n'y a plus d'après, à Saint-Germain des Prés, plus d'après-demain, plus d'après-midi, il n'y a plus qu'aujourd'hui. » La science arrête là. Après, ou avant, c'est le domaine du poète. Pour tout être humain pourtant, il s'agit tout de même d'une question terrifiante qui nous ramène à notre introduction : pourquoi y a-t-il quelque chose plutôt que rien ?

L'hypothèse du Big Bang, dont un des initiateurs fut un scientifique belge, Georges Lemaître, prêtre et même monseigneur, n'explique pas le pourquoi du monde. Elle en décrit le comment, en explique les processus, en analyse les mécanismes et les constantes exprimées sous forme de lois. La théorie du Big Bang semble pour l'instant la meilleure hypothèse dont nous disposions pour interpréter les faits observés et répondre aux innombrables questions et objections qui surgissent dans un domaine aussi complexe. Mais il est possible que demain ou dans dix ans une autre interprétation, plus cohérente, expliquant mieux l'ensemble des faits observés, remplace la théorie du Big Bang. Ainsi va la science. Et c'est pourquoi il faut hésiter à faire trop rapidement le saut d'une théorie scientifique à une affirmation de caractère philosophique.

Expliquer le pourquoi du monde?

La science, avons-nous dit, explique le comment. Elle ne dit pas le pourquoi. Chercher un sens, une intention, une raison d'être relève d'une autre démarche. C'est une préoccupation qui renvoie à la philosophie et à la religion. Il ne faut donc pas s'étonner que, parallèlement aux discours scientifiques, existent des récits religieux nous racontant l'origine du monde. Il ne s'agit pas de récits historiques assimilables à des reportages ou à la confidence d'un témoin. Il s'agit plutôt de mythes, c'est-à-dire de mises en scène dans un temps primordial («au commencement» au sens de à l'origine, «en ce temps-là» au sens d'un temps indéterminé) d'un enseignement qui se veut permanent. Le mythe ne dit pas comment les choses se sont passées. Il affirme plutôt qu'à travers les méandres d'un récit plaisant, enfantin, drôle, dramatique, la vie humaine y acquiert tel ou tel sens. C'est ainsi que fait Platon, le grand philosophe grec, quand il raconte le mythe de la caverne, celui de l'androgyne, celui de l'Atlantide. Platon affectionne le retour aux mythes pour donner des leçons. Artifices littéraires d'un écrivain de génie, ou traditions religieuses ancestrales, la distinction ici importe peu. L'intention est la même.

L'ethnologie nous apprend maintenant que derrière toute culture, il y a toujours un fond mythique, un bagage de récits primordiaux donateurs de sens. Dans la tradition judéo-chrétienne, nous disposons d'un ensemble impressionnant de textes : par exemple, les deux récits de la création de la Genèse, la figure de Noé et de son arche, des psaumes et diverses prières qui présentent une vision de la création et suggèrent des attitudes et des conduites. Quand nous regardons les deux récits de création, il est facile aujourd'hui de les considérer comme proprement mythiques, sans valeur historique et scientifique. Au long de l'histoire, il n'en fut pas ainsi car très souvent ces textes fondateurs ont été compris comme également porteurs d'une vérité historique et scientifique. Les croyants d'autrefois n'imaginaient pas que les récits de l'Écriture puissent être compris autrement qu'au sens littéral et cherchaient donc à nier ou à limiter les affirmations de la science qui leur paraissaient contraires à la lettre de la Bible. Et c'est pourquoi les bagarres entre la science et la foi n'ont pas manqué, le cas Galilée n'étant qu'un exemple parmi tant d'autres des difficultés innombrables entre les deux.

En ce qui concerne la spiritualité chrétienne de la création, il me semble essentiel de préciser quelques-uns des secteurs où, après une période de conflits, l'on comprend mieux maintenant certains acquis de la science. La foi en la création ne signifie pas une croyance en la création en six jours, sur une période courte. En 1744, le grand naturaliste suédois Carl von Linné (en son honneur, il existe encore des « sociétés linnéennes ») écrivait : « J'ai décidé d'exposer les raisons qui m'ont amené a croire qu'au commencement des choses dans chaque espèce de vivants, un seul couple sexué a été créé. » Guidé par la lettre du texte biblique, Linné supposait une création dans un espace terrestre assez petit pour qu'Adam pût donner un nom à tous les vivants, puis imaginait la dispersion de ces derniers sur l'ensemble du globe au fur et à mesure de l'expansion du continent sur l'océan. Linné était un savant qui cherchait à expliquer son savoir à partir d'une vision religieuse.

Pour illustrer brièvement l'évolution de la représentation de la création, je signale trois domaines où la science a mis en échec des représentations naïves de la foi chrétienne, représentations que l'on a crues longtemps essentielles à la foi elle-même. Ces domaines sont : la dimension de l'univers, la durée de l'univers, l'évolution de la vie.

> **Quel est le nom de la galaxie**
> **à laquelle appartient le Soleil ?**
> **Est-ce que je sais l'âge approximatif de la Terre ?**
> **Est-il vrai que l'être humain descend du singe ?**

La dimension de l'univers

Pour les anciens et pour le sens commun, la terre est au centre du monde et le soleil tourne autour d'elle. Cette représentation du monde est commune. C'est celle de la Bible, mais aussi celle des Grecs, de Ptolémée par exemple, astronome et mathématicien, ou même d'Aristote, à la fois homme de science et philosophe. Aristote ne comprenait pas comme nous la dynamique du mouvement et il imaginait, derrière chaque planète se déplaçant sur une sphère fixe, une divinité pour maintenir cette dernière sur son axe et la faire tourner. Au Moyen Âge, on dira un ange. Ptolémée imagine également un système de sphères fixes, avec la terre au centre, chaque planète tournant autour de la terre en deux cercles : le petit cercle ou épicycle et le grand cercle, déférent, autour de la terre. Il y a bien eu Aristarque de Samos (-310 à 230 avant Jésus-Christ) qui avait eu l'intuition que la terre pouvait tourner autour du soleil. Les gens

gens religieux de son époque jugaient son hypothèse impie ! Bref, pour toute l'Antiquité et jusque tard au Moyen Âge, la terre est au centre, les planètes et le soleil tournent autour, le monde est clos et limité et les étoiles sont accrochées sur la sphère fixe.

Cette conception n'est pas satisfaisante, mais elle a survécu tout de même très longtemps. Nicolas Copernic (1473-1543) reprend l'hypothèse de l'héliocentrisme, à savoir que la terre et les planètes tournent autour du soleil. Mais c'est Galilée (1564-1642) surtout que l'on reconnaît comme le vrai responsable du changement de perspective. Galilée est à la fois mathématicien, astronome, penseur. Il développe la lunette d'approche qui lui permet de poursuivre plusieurs observations astronomiques importantes, notamment sur les phases de la lune. Les meilleurs commentateurs de Galilée disent toutefois de lui qu'il était davantage un théoricien qu'un expérimentateur, un mathématicien avant tout. Galilée rejette le système de Ptolomée, adopte celui de Copernic et entreprend d'en faire la promotion. Or l'Église qui avait accepté sans trop de problèmes les écrits de Copernic durcit sa position, condamne le système de Copernic (1616) et entreprend un procès contre Galilée, où s'entremêlent des discussions proprement scientifiques et des discussions théologiques. On dira par exemple : comment la terre peut-elle tourner autour du soleil quand la Bible dit qu'à la bataille de Gabaon Josué a arrêté la marche du soleil (livre de Josué, 10,12-13)? Par ailleurs, Galilée défendait une doctrine atomiste très mal vue sur un plan doctrinal. Au cours d'un procès, Galilée a retiré son hypothèse héliocentrique. Condamné à la prison à vie par le Saint-Office en 1633, il a vu sa sentence être immédiatement modifiée par le pape en une assignation en résidence surveillée. Il mourut en 1642. Il faudra attendre jusqu'en 1757 pour que le système copernicien soit réhabilité.

Il a fallu bien plus longtemps encore pour qu'on arrive à concevoir l'univers dans ses dimensions cosmiques, à ne voir la terre que comme une petite planète tournant autour du soleil, étoile plutôt petite dans une galaxie modeste. Et l'on parle de milliards de galaxies! Toute la conception d'un cosmos qui existe pour l'être humain s'en trouve bouleversée. Le retentissement de la constatation de l'immensité de l'espace ébranle nécessairement la foi, c'est-à-dire non pas la foi en elle-même mais les représentations de la foi, les images et les figures dans lesquelles la foi s'est coulée et souvent figée au long des siècles. S'il existe des milliards de galaxies formées chacune de milliers d'étoiles tournant, dansant et peut-être dérivant dans un tourbillon où l'espace lui-même émerge au fur et à mesure du ballet cosmique, il est vraisemblable qu'ailleurs la vie soit possible, ou ait été possible. Y a-t-il d'autres mondes habités d'êtres intelligents et libres qui se posent, comme nous, les problèmes du bien et du mal, de Dieu, de la liberté ? Pourquoi pas.

En tout cas, la prétention humaine d'être au centre du monde et de la création en prend un coup. Toute personne croyante doit désormais comprendre autrement sa relation au monde et, plutôt que de se dire que tout cela a été créé pour l'être humain, se dire, plus humblement, que nous sommes bien petits pour nous penser ainsi le nombril du monde. Si Dieu s'occupe de nous, il a bien de la sollicitude. Nos amours et nos haines n'ont probablement pas l'importance que nous voulons leur donner. Les visions modernes du cosmos peuvent nous aider à nous décentrer de nous-mêmes. Certains ne voient même dans l'aventure humaine que de la vanité, du dérisoire, de la désespérance. Entre le néant et le nombrilisme, il y a place, je pense, pour un peu d'humilité confiante. S'il est dans l'éternité une voix qui appelle les habitants de la terre des hommes, cet humble vaisseau spatial en route vers on ne sait où, n'est-ce pas merveilleux que quelqu'un pense à nous ? Plus le cosmos est grand, moins le miracle est plausible. Plus l'amour alors est démesuré. N'est-ce pas d'ailleurs le paradoxe de l'amour d'être d'autant plus beau qu'il est moins raisonnable?

> C'est une bien petite planète que nous habitons
> Nous la pensions immense, énorme, au centre du monde,
> Elle n'est qu'un grain de sable dans l'infini des mondes.
> Va-t-elle à la dérive comme un navire fou
> que les courants ballottent?
> N'est-elle qu'un cri qui se perd dans la nuit
> trop froide d'un monde de solitude?
> Qui donc es-tu, Maître du temps et de l'espace,
> Es-tu l'inaccessible, l'intemporel, l'indifférent?
> N'es-tu qu'un principe abstrait
> dans la physique de l'univers?
> Déchire le ciel et révèle ta présence.

La durée de l'univers

À la vision d'un cosmos minuscule gravitant autour de la terre a succédé l'image d'un cosmos immense en expansion constante. De même en est-il pour le temps. Le temps du cosmos comme le temps de l'humanité. En parlant du Big Bang, nous avons évoqué le chiffre de 15 milliards d'années depuis l'origine. C'est le chiffre communément avancé dans les ouvrages de vulgarisation, mais il convient de savoir qu'il y a encore de nombreuses discussions sur ce point. L'univers pourrait être plus vieux, ou plus jeune. De même, on estime à 4,5 milliards d'années l'âge de la Terre. Malgré l'ampleur des imprécisions ou des incertitudes, une telle perspective défie, elle aussi, toute imagination.

Nos ancêtres ont pensé à des données beaucoup plus brèves. À partir de calculs déduits de la Bible, on estimait à quelques milliers d'années l'apparition de l'espèce humaine. « Depuis plus de quatre mille ans, nous le promettaient les prophètes », chante encore le cantique. Longtemps, on a cherché dans la Bible, surtout dans la Genèse, le calendrier de l'histoire universelle depuis la création. Bossuet datait la création en l'an 4004 avant Jésus Christ. Et ainsi de suite. Pourtant, les dynasties égyptiennes évoquaient un passé plus long, de même que des récits, par ailleurs légendaires, venus de Chine. Certains se sont dit alors qu'il faudrait peut-être comprendre la Bible autrement, cesser de la lire comme un livre d'histoire, retrouver des sens plus symboliques. Un certain Richard Simon (1638-1722) amorce ce que l'on appelle la critique biblique et l'exégèse. Il cesse de voir la Bible comme un livre de vérité univoque ; il en démontre certaines contradictions et force ainsi à une interprétation plus complexe des textes.

Pendant ce temps, la science progresse. Le grand savant anglais Isaac Newton (1642-1727) formule l'hypothèse de l'attraction universelle qui laisse entrevoir l'idée d'une mécanique du monde, un monde qui a sa cohérence et fonctionne selon des lois intrinsèques immuables. Buffon (1707-1788), le naturaliste français, développe un système de géologie et, à partir des fossiles, avance l'hypothèse d'une Terre vieille de 75 000 ans. Inlassablement, les scientifiques cherchent, analysent, comparent et font émerger l'hypothèse d'un temps très long. Le fossé se creuse entre la science et la foi. Des tentatives d'harmonisation émergent. Par exemple, les six jours de la Genèse pourraient correspondre aux âges géologiques de la planète. Pensée généreuse mais vaine, puisqu'elle cherche encore dans la Bible une vérité historique. D'autres courants plus conservateurs opposent carrément foi et science, comme un article d'une revue cléricale qui affirme encore, en 1899, que la création d'Adam eut lieu en 5562 avant notre ère et le déluge en 3300. Même aujourd'hui, dans les sectes fondamentalistes, on soutient encore ce genre d'aberration qui est refus de la science et fausse fidélité à l'Écriture. Et je sais plus d'un professeur de catéchèse mis à mal par des enfants de sept ans qui évoquent le Big Bang, les trous noirs et les milliards d'années de la science contre une conception très courte du temps ou la vision étriquée de la création de leurs professeurs. Il n'est pas si facile de se débarrasser des figures d'autrefois, de changer de paradigme.

En science, comment voir clair dans les hypothèses d'interprétation et faire la part du probable et du quasi-certain ? Sommairement, on estime que

Il est bien bref le temps de la vie :
Trente ans, soixante ans, quatre-vingts ans.
Une illusion entre deux silences, celui d'avant, celui
d'après ?
Temps si dérisoire de nos agitations
Temps trop court de nos amours
Temps trop long de nos haines et de nos deuils.
J'aimerais être un arbre et devenir millénaire
J'aimerais être roche depuis cinq cent mille ans
J'aimerais être la mer depuis le début de l'eau
J'aimerais être l'espace toujours se déployant
J'aimerais être cosmos avant même le premier jour
Avant le premier son, avant la première lueur.
Si tu m'entends, dans le temps ou hors du temps,
Si tu me vois, si tu me connais,
Ouvre la fenêtre de ma trop petite maison
Toi l'Éternel, souviens-toi de moi.

notre bonne vieille planète Terre aurait 4,5 milliards d'années, que la vie élémentaire aurait émergé il y a environ trois milliards et demi d'années, dans un milieu aqueux. Les plantes terrestres apparaîtraient il y a environ 400 millions d'années, y précédant les animaux. D'un auteur à l'autre, les datations varient. Les mammifères apparaissent timidement du temps des dinosaures, il y a plus de 200 millions d'années, puis explosent au début de l'époque tertiaire, il y a environ 140 millions d'années. J'utilise ici les données de Reichholf (voir les références à la fin du présent volume).

Cette profondeur du temps n'a rien à voir avec la brièveté de l'espèce humaine. Qu'est-ce qu'un siècle, quelques générations humaines par rapport à ces durées sans fond? On se représente souvent Dieu comme un vieillard à grande barbe, ou l'éternité comme un temps indéfini. Les deux représentations sont fausses. Dieu n'est pas dans le temps, plus vieux que nous et que la terre, mais plus vraisemblablement hors du temps, ni jeune ni vieux. L'éternité est un non-temps, faut-il dire un temps sans durée, sans hier, sans demain? Toute représentation d'une durée courte porte la trace de la brièveté de la vie humaine qui a du mal à se figurer les millénaires. Les mathématiciens s'amusent souvent à ramener la durée du cosmos à une seule année. Si le monde a 15 milliards d'années, et que l'on se figure cette durée comme une seule année, chaque jour représente environ 41 millions d'années, et chaque heure 1,7 million d'années. Ainsi, le Big Bang aurait eu lieu le 1er janvier à la première seconde de la journée. Il faut attendre pratiquement la mi-septembre pour que la terre naisse, la mi-octobre pour que la vie émerge. Les mammifères apparaîtraient le 29 décembre, les premiers humanoïdes vers 22 heures, le 31 décembre. L'histoire humaine connue commencerait vers 23 heures 59, les deux mille ans de l'ère chrétienne commenceraient à 23 heures 59 minutes, 55 secondes. Notre civilisation, depuis l'âge industriel, ne représenterait pas une seconde. Le psaume a bien raison : « qu'est-ce que l'homme que tu penses à lui ? » La représentation d'une création à notre échelle risque de n'être qu'une projection confortable, une naïveté qui fait plus penser aux élucubrations des astrologues qu'à l'aventure des scientifiques ou des vrais croyants. Il y a bien du ménage à faire.

L'évolution de la vie

Et puis Darwin vint. Le choc par excellence de la science et de la foi chrétienne est certainement venu de Charles Darwin. Pourtant Darwin s'inscrit dans une lignée de chercheurs soucieux de comprendre les cheminements de la vie. Deux thèses s'opposent : le transformisme et le fixisme. Le fixisme affirme la stabilité des espèces. Chaque espèce se maintient ; de nouvelles espèces ne surgissent pas ; l'ensemble des espèces est là depuis la création du monde ; chaque espèce est parfaitement adaptée au milieu où elle vit ; si des espèces ont disparu, c'est à cause de l'action des êtres humains, car « l'économie naturelle » étant parfaite, les espèces ne peuvent ni apparaître, ni disparaître d'elles-mêmes ou par le seul jeu de la nature. Le transformisme admet une évolution mais fait appel à des explications insatisfaisantes. Darwin cherchait autre chose, voulait nommer le processus déclencheur.

À partir d'un long voyage (1831-1836) sur un bateau, le *Beagle*, Darwin observa la diversité et les ressemblances des plantes et des animaux sur les différents continents. Il en tira une théorie sur l'origine des espèces qui prétend que les organismes varient. Certaines variations se transmettent aux descendants. Les plus aptes (*the fittest*) survivent aux modifications de leur milieu et donnent de meilleures chances à leurs descendants. D'où l'idée d'une sélection naturelle qui suppose une lutte et une compétition d'espèces entre elles et des individus d'une même espèce entre eux, et la victoire du plus adapté. À la théorie fixiste antérieure, la théorie de

Darwin oppose l'idée d'évolution, d'adaptation, de souplesse, de recherche incessante de la vie dans toutes les directions, là où se trouvent des ressources et où les obstacles ne sont pas trop nombreux. Elle suppose surtout la lutte et la compétition comme règles de survie. La nature pourrait être vue comme un ordre merveilleux établi par une sagesse supérieure — Dieu — en sorte que chaque espèce s'inscrit dans un cadre prédéterminé selon ce que Linné appelle la police de la nature : « Dieu a prescrit à tous une subordination précise et pour ainsi dire, une police. » Darwin voit plutôt la nature comme un système dynamique où la compétition joue un rôle : les plus forts, les plus adaptés s'imposent et survivent. Si le milieu change, des espèces plutôt désavantagées à l'état antérieur peuvent détenir un avantage, s'adapter rapidement et s'imposer. La thèse est séduisante. Il est plus difficile de la démontrer, d'autant plus que Darwin ignorait ce que l'on sait aujourd'hui de la génétique.

Inlassablement, Darwin développe la thèse de la sélection naturelle, laquelle progresse sans finalité, au hasard, sans but déterminé. La théorie affirme donc l'unité du vivant et de tous les vivants et propose également une interprétation des changements du vivant au long de l'évolution de la planète Terre. Nous voici dans un cadre explicatif global qui essaie d'expliquer le comment de l'évolution. Beaucoup y verront aussi un pourquoi, faisant d'une hypothèse scientifique une vérité philosophique.

La théorie de Darwin heurtait, bien sûr, la représentation chrétienne de l'univers. À l'idée d'une création en quelques jours de toutes les espèces nommées par Adam, elle supposait une lente évolution et adaptation de la vie au fur et à mesure des conditions du milieu. Tout n'apparaissait pas en même temps. Des espèces naissaient et disparaissaient. L'ordre parfait d'un équilibre divin cédait la place à une situation instable, conflictuelle, provisoire où des forces complexes peuvent mener à un monde en progrès ou en déchéance. Déjà cette affirmation est abusive. S'il n'y a pas finalité, aucun état n'est supérieur aux autres. Une terre possédant une vie simplement végétale n'est pas moins belle qu'une terre abritant aussi des animaux.

Si les espèces descendent les unes des autres selon des mécanismes fort complexes, il est aussi légitime de penser que l'être humain n'est qu'un animal évolué. D'ou l'idée, scandaleuse, que l'homme pourrait descendre du singe. Mais s'il en est ainsi, qu'advient-il de la place que l'être humain s'attribue au sein de la nature? Qu'advient-il de la destinée spirituelle des humains? Ne sommes-nous, comme tellement le pensent, qu'une aberration de la nature, une impasse dans laquelle la nature s'est engouffrée et qui se terminera quand les humains auront tout saccagé sur terre ou, plus simplement, quand ils s'entretueront?

Notre tradition courante se représente l'humanité plus proche de Dieu que de l'animal. La science observe simplement la continuité du vivant et constate l'immense part d'animalité qui est la nôtre. Biologiquement, il n'y a plus de doute, nous sommes de la lignée «homo» issue du tronc général des primates. Il y a peut-être cinq ou six millions d'années, suite à de fortes pressions du milieu écologique, une lignée de mammifères a emprunté un chemin nouveau: vie au sol, marche debout, développement du cerveau, vie commune. De multiples adaptations biologiques ont permis d'explorer une piste insoupçonnée. Des animaux plutôt petits et plutôt fragiles n'ont pas misé sur la force ou la vitesse. Ils ont opté pour le cerveau, l'intelligence et pour la vie en commun. Des mutations à la glotte ont permis le langage. L'avenir s'ouvre vers deux directions complémentaires: l'outil d'un côté, la parole de l'autre. Aristote déjà disait de l'être humain qu'il est un animal qui parle. C'est bien là que semble être allée l'espèce homo quand, après l'australopithèque, l'homo habilis, l'homo erectus, l'homme de néanderthal, elle est devenue homo

Je suis le descendant d'une très longue lignée.
Mes ancêtres ont commencé il y a longtemps, si longtemps,
Si les savants disent vrai. Mais allez donc savoir.
Je suis de la première bactérie au fond des eaux
Je suis de la première algue
Du premier poisson.
Je suis la première plante sur la terre ferme
Le premier reptile, le premier oiseau
D'impasse en impasse, d'échec en trouvaille
Je cherche inlassablement ma voie.
Je suis dinosaure et mammifère,
Je suis musaraigne et australopithèque.
Je marche debout, je parle, je pense, je saisis,
J'apprends à vivre avec d'autres.
Me voilà homo sapiens sapiens déjà.
Je ne renie rien de ce que j'ai été
Mais je cherche devant pour savoir qui je serai.
Je marche vers Toi, tu es mon horizon,
Tu es l'alpha et l'oméga,
Tu es l'origine et la fin, dans les longs méandres du fleuve de vie.
Me voici debout, me voici émergeant,
Me voici libre. L'avenir est-il devant?
J'entends comme un murmure, une rumeur, une voix
J'entends une Parole qui m'invite à marcher.
Je suis d'une longue lignée, mais je commence à naître.

sapiens sapiens. Son âge? Peut-être 150 000 ans, peut-être plus, mais pas moins. Théorie? Théorie bien sûr, au sens de schéma interprétatif, mais vision intégratrice qui explique des faits et propose des cohérences.

À l'image d'un univers récent, petit et gravitant autour de la Terre, où l'être humain ressemble surtout à Dieu, la science a proposé des faits et des visions choquants. Notre monde aurait eu un début, mais il y a si longtemps. Des milliards d'années! Il s'agit d'un univers immense où la Terre n'est qu'une bille négligeable. Quant à l'espèce humaine, elle s'inscrirait assez bien dans le prolongement des formes de vie qui ont surgi tout au long de l'évolution de la Terre. Quant à Dieu, nulle part la science ne le voit. Elle ne peut ni le nier ni l'affirmer. Cela ne relève pas de la science, mais du savant, de l'homme et de la femme qui construisent la science.

Les vieux mythes en prennent pour leur rhume si on tient à les prendre au pied de la lettre, comme on l'a tellement fait depuis quatre siècles. Il y a, bien sûr, dans la science d'aujourd'hui des perspectives et des simplifications dont on rira demain. Il ne faut donc pas se hâter vers des concordismes faciles. Mais il me semble qu'il ne saurait y avoir de foi en Dieu créateur sans une acceptation humble et accueillante des principales perspectives qu'ouvre la science moderne. Ici la réponse intégriste ressemble trop à la peur.

Si nous croyons en Dieu, il faut y croire dans la perspective d'un monde immense, très ancien (à l'échelle de notre temps) au sein duquel nous n'occupons qu'un rôle assez modeste. À une perspective glorieusement anthropocentrique succède une vision beaucoup plus modeste, plus dépouillée, mais pas moins riche.

La science ne saurait dire le pourquoi du monde. Quand elle quitte son domaine et devient philosophie, elle a tendance à dire que le monde est sans pourquoi. Mais cela déjà n'est plus de la science. Et c'est la raison pour laquelle le croyant, la croyante peuvent aussi interpréter le monde comme une œuvre divine. Dieu a 15 milliards d'années? Si le monde les a, pourquoi Dieu ne les aurait-il pas? Blague à part, si Dieu est Dieu, il surplombe le temps et l'espace. Il n'est mesuré ni par le temps, ni par la frontière du monde, fût-elle bordée de trous noirs. Que la nature nous ait préparé un corps sur quelques millions d'années, où est l'objection? Je suis un animal, je le sais chaque jour. Je suis né petit, j'ai grandi, j'ai vieilli. J'ai chaud, j'ai froid. Je bois, je mange, je dors. Tout en moi est animal, les deux reins, le foie unique, la rate, même le coccyx qui serait le vertige de la queue de nos lointains ancêtres biologiques. Et puis je mourrai. Ce n'est pas un secret. Bien que je le sache et que cela m'effraie, et que cela même puisse contribuer à me distinguer des animaux. Je suis celui qui sait qu'il doit mourir. Et voilà que je m'effraie du temps et de l'espace.

Moi qui crois au Dieu créateur, je pense que Dieu nous appelle au sein d'une histoire complexe et tourmentée depuis des milliards d'années. J'imagine avec joie qu'il existe, dans d'autres univers, d'autres vivants à l'image et à la ressemblance du Créateur. Nous ressemblent-ils? Curiosité vaine. Mais si Dieu a voulu appeler à quelque vocation spéciale une petite espèce qui a choisi la parole pour demeure, est-ce scandale?

Devant la science, l'interprétation athée et l'interprétation croyante sont deux interprétations plausibles. Pour les deux, la science sans présupposé est terriblement difficile. Traditionnellement, la religion a eu tendance à vouloir discipliner la science, laquelle en retour a eu tendance à se bagarrer avec la religion. D'où d'interminables et souvent stériles querelles. Je ne propose pas une intégration simple de l'une et de l'autre. J'aurais plutôt tendance à penser que nous sommes devant deux lignes parallèles qui ne se rencontrent jamais, sauf à l'infini.

Dans ma foi, j'estime que Dieu laisse aller le monde à son propre dynamisme longtemps, très longtemps. Mais quand Homo sapiens sapiens accède à la parole, il lui ouvre l'espace de sa Parole. L'être humain devient un interlocuteur de Dieu. Créer me semble moins faire qu'appeler, inviter, convoquer. Croire en Dieu, c'est chercher une Parole devant soi. C'est l'entendre en soi. C'est y répondre. Aragon qui n'était pas croyant a dit cette parole à propos d'Elsa : « Je suis vraiment né de ta lèvre, ma vie est à partir de toi. » Il paraît que, dans la vie courante, Aragon était plutôt assommant. Il me semble pourtant avoir dit l'essentiel de la perception de la création : l'intuition d'une présence et, par-delà la mécanique de l'histoire du monde, la conviction qu'une Parole correspond à la nôtre. Je n'ai pas de problème à descendre d'un lointain animal, un ancêtre que j'ai partagé avec les singes de l'univers. Mais j'ai aussi la conviction d'être aspiré vers l'avant, d'être attiré vers Dieu et de porter l'écho de sa Parole. C'est cela même la création.

> Est-ce que je comprends mieux la différence
> entre la science et la foi ?
> Est-ce que la science me force à purifier ma foi
> de certaines représentations naïves ?

> « Ma parole n'est pas encore sur ma langue
> et voici, Yahvé, tu la sais tout entière ;
> derrière et devant tu m'enserres,
> tu as mis sur moi ta main.
> Merveille de science qui me dépasse,
> hauteur où je ne puis atteindre. »

(*Ps* 139,4-6, traduction BJ.)

II

Les récits de la création

Le propre des grands textes, c'est de se prêter à des relectures. Tout texte porte la marque de ses origines : style, vocabulaire, contexte social, etc. Quand je relis *L'Iliade* d'Homère, j'avoue que je trouve cela très pompeux par moments. Pourtant que de romans, de pièces de théâtre, de films a-t-on faits sur la guerre de Troie, ou sur le long et périlleux retour d'Ulysse vers la Grèce. Les textes vieillissent, surprennent, choquent. Pensez à un francophone fédéraliste convaincu et agnostique qui se prend à chanter le deuxième couplet du *Ô Canada* : « Sous l'œil de Dieu, près du fleuve géant, le Canadien grandit en espérant. » Le fleuve c'est le Saint-Laurent, l'espace c'est le Québec, la religion c'est le catholicisme romain !

Les vieux et grands textes de l'humanité sont pourtant essentiels et importants. Il faut parfois les traduire, parfois les modifier pour en comprendre le sens, parfois les dépoussiérer. Mais il est essentiel d'y revenir et de les relire avec amour, de les manipuler avec soin. Il n'est pas rare qu'un vieux texte qu'on croyait banal reprenne vie car une situation nouvelle en fait apparaître des sens cachés. Cette redécouverte de l'ancien correspond d'ailleurs à un réflexe profond de l'être humain : à toutes les crises de notre vie, nous revivons notre adolescence, notre enfance, notre naissance. Relisant l'ancien, nous faisons du neuf.

Aujourd'hui, nous vivons dans un âge de communication et de consommation de masse où tout ce qui est le moindrement vieux semble périmé, futile, bon à jeter. Mais ce n'est pas vrai : les grandes œuvres surnagent. Le rap n'évacue pas Mozart, Céline Dion n'efface pas Brel ou Ferrat. Et combien d'œuvres que les gens croient neuves ne sont que des « remake » de succès anciens. Je me rappelle, au début des années 1970, lors d'un mariage, les gens voulaient faire jouer une chanson que je ne connaissais pas : *Joy*. En l'entendant dans l'église, je m'aperçus que c'était un « remake » de l'Ode à la joie de la neuvième symphonie de Beethoven. Les jeunes ne savaient pas ce qu'était la neuvième de Beethoven... Une grande œuvre mérite d'être revisitée : Roméo et Juliette, Tristan et Iseult, Phèdre, Antigone, Œdipe Roi ou même les Misérables. Par-dessus tout, les grands mythes ne meurent pas, car ils ne cessent de jeter leur lumière sur l'aventure humaine.

Le premier livre de la Bible, la Genèse, s'ouvre, c'est bien connu, sur deux récits de création. Il y a eu tant et tant de malentendus sur ces récits qu'on hésite d'y référer, comme s'il nous fallait rougir de notre héritage. On les a pris pour des récits historiques, ce qu'ils ne sont aucunement. On en a fait des écrits didactiques, ce qu'ils ne sont pas non plus. Ils sont des mythes qui cherchent à expliquer la condition humaine. Le premier récit cherche à dire : qui est Dieu pour l'être humain ? Le second : quelle est la source du mal ? Les deux récits se présentent comme des récits de création, dans un temps sans repère, à l'origine.

Pour des raisons d'espace, je ne retranscrirai pas ici le texte des deux récits. Le premier se trouve en *Genèse* 1,1-2,4a et le second le suit immédiatement en *Genèse* 2,4b-3,24. Il suffit d'ouvrir sa Bible pour d'abord s'imprégner du texte. En voici un bref commentaire.

Les sept jours de la création

Le premier récit raconte la création en sept jours. L'auteur ne part pas de l'idée d'un néant originel, mais d'une espèce de désordre primitif : « La terre était déserte et vide, et la ténèbre à la surface de l'abîme. » Le mot hébreu est tohu-bohu, repris par la langue française pour parler de désordre, de grande confusion. Dans un monde confus, Dieu va mettre de l'ordre. C'est l'objet de la grande semaine. Au premier jour, la lumière est séparée de la ténèbre. Au deuxième jour, c'est la séparation du firmament et des eaux. Au troisième jour, la terre est séparée de la mer. Au quatrième jour, on dirait que Dieu met de l'ordre dans le Ciel : « qu'il y ait des luminaires pour séparer le jour de la nuit, qu'ils servent de signes tant pour les fêtes que pour les jours de l'année » (1,14). Au cinquième jour, apparaissent les oiseaux et les animaux marins. Au sixième jour, apparaissent les autres vivants de la terre : bestiaux, petites bêtes et bêtes sauvages. En ce même jour, « Dieu dit : Faisons l'homme à notre image, selon notre ressemblance et qu'il soumette les poissons de la mer, les oiseaux du ciel, les bestiaux, toute la terre et toutes les petites bêtes qui remuent sur la terre. Dieu créa l'homme à son image, à l'image de Dieu il le créa ; mâle et femelle, il les créa » (1,26-27, traduction TOB). Le septième jour, Dieu se reposa.

Ce texte a plusieurs particularités, dont entre autres celle d'être en même temps poétique et théologique.

Poétique, le texte l'est d'une manière extraordinaire, avec ses refrains, ses reprises, son rythme, ses chutes : « Il y eut un soir, il y eut un matin. » « Dieu vit que cela était bon. » Je me rappelle, au début des années 1960, un artiste, monsieur Salvatore Catta, récitait ce texte de mémoire. C'était prodigieux. Je découvrais la poésie de ce texte, son rythme. Actuellement, la proclamation de ce passage est prévue dans la liturgie de la nuit pascale. Mais il faut un bon lecteur et les bons lecteurs sont rares. Pire encore, ils semblent ne pas comprendre le sens du texte, probablement à cause de l'hypothèque historique qui pèse encore sur lui. On a peur d'être infidèle en le voyant pour ce qu'il est : un conte, une légende, une berceuse pour calmer un enfant, une lettre d'amour qui s'adresse au cœur. « Il y eut un soir, il y eut un matin. » « Dieu vit tout ce qu'il avait fait. Voilà, c'était très bon. »

Poétique, charmant, presque naïf, le texte n'est pas futile pour autant. Il cherche à dire beaucoup de choses. L'auteur est un grand théologien. Il s'oppose avec rage au panthéisme de son époque. En ce temps-là, chaque nation a son Dieu, sa religion. Plus encore, les peuples qui entourent Israël — on pense que le texte daterait de l'exil à Babylone, au 6ᵉ siècle avant Jésus Christ — ont des notions assez grossières de Dieu. Tout est divinisé. Les arbres, les animaux, les monstres marins, les planètes. On croit à l'astrologie. On se représente la création comme une lutte entre le bien et le mal. Et l'être humain ne sait plus qui il est lui-même, pauvre pantin livré aux forces obscures du cosmos.

Alors l'auteur affirme la transcendance de Dieu. Les anciens, comme nous, vouaient les jours de la semaine aux planètes perçues vaguement comme des divinités : soleil (Sunday), lune (lundi), mars (mardi) et ainsi de suite. L'auteur corrige et appelle les jours : premier, deuxième, troisième. On dirait aujourd'hui : il sécularise le temps.

Faut-il croire à l'astrologie, faut-il avoir peur des sorts ? Faut-il adorer le veau d'or, ou le dieu en forme d'animal qu'adorent les Égyptiens ? L'auteur présente Dieu comme celui qui met de l'ordre, comme celui qui s'impose aux éléments du monde, à la lumière, aux eaux, à la terre, au soleil et à la lune. Un Dieu maître des forces telluriques et des monstres du monde d'en bas. Dieu fait cela par sa seule volonté, par sa Parole. Il dit, et cela advient. On a une vague impression que le désordre du monde préexiste. Mais Dieu remet les choses en place. Il n'y a que Dieu à être Dieu. Les idoles sont néant, vaine la divination.

Quand arrive la vie animale, l'auteur dit que Dieu **créa** les êtres vivants. Le terme n'a pas le sens métaphysique de « faire quelque chose avec rien », mais désigne une action propre à Dieu. Il y a là une initiative radicale de Dieu.

Au sixième jour, apparaissent les animaux terrestres et l'être humain. On dirait que l'auteur reconnaît volontiers la condition animale de l'humanité. Il aurait pu, autrement, réaménager son récit, placer les animaux terrestres au cinquième jour et faire du sixième le jour des humains. Au contraire, il intègre l'être humain au jour des animaux terrestres. Animal de la tête aux pieds, l'être humain ne se confond pourtant pas entièrement avec les animaux. Il est créé à l'image et à la ressemblance de Dieu.

Les nations environnantes se faisaient volontiers des idoles, des représentations matérielles de Dieu. Plus tolérants, nous dirions des statues. Pour les Juifs, il est interdit de faire une image de Dieu, surtout de représenter Dieu sous quelque forme que ce soit. Dans le saint des saints du temple, il n'y a rien. On ne peut représenter Dieu. La foi n'a pas de support visuel. En vérité, il n'existe qu'une image de Dieu : c'est l'être humain, homme et femme, image et ressemblance. Par sa Parole, Dieu crée le monde. Il n'y a aucune confusion entre Dieu et le monde. En créant l'être humain à son image, Dieu fait des humains des interlocuteurs. Si la Parole de Dieu ordonne le monde et crée la vie, elle fait l'humanité à la ressemblance divine et l'inscrit donc dans la réciprocité. Vivre humainement, c'est être plus qu'un produit de la Parole, c'est en devenir un auditeur.

Dans son intention profonde, il me semble bien que ce texte n'est pas du tout un récit de l'histoire du monde, mais un récit sur Dieu et sur l'homme. Il dévoile un Dieu puissant qui n'est pas englué dans le monde, qui se présente comme un autre, le Tout Autre, sans confusion avec le monde. Après avoir mis de l'ordre, Dieu appelle à la vie, à toute vie. Son œuvre est bonne et merveilleuse. Sept fois le texte affirme que cela est bon. Qui donc est Dieu? Il est un être tourné vers la création et soucieux de l'être humain. Dans d'autres religions, les dieux sont jaloux des humains. Pour le récit de Genèse, la création est un geste d'amour. En retour, qu'est-ce que l'être humain? Il est créature, vrai animal habité par la Parole divine. Il est ressemblance et image. À cause de cela, il pourra dominer sur les poissons, les oiseaux, les bêtes puisqu'il participe à la parole créatrice. Mais sa dignité essentielle n'est pas de régner sur le monde d'une manière despotique: elle est d'être image de Dieu, ce Dieu qu'on ne peut représenter en le chosifiant mais dont l'aventure humaine est en quelque sorte le dévoilement. Un Dieu qui appelle à la vie et à la diversité.

Le texte n'affirme pas un début temporel du monde. Le monde pourrait exister depuis toujours. Mais il se représente Dieu comme au principe du monde, dans un autre type de réalité que la réalité mondaine. Si les humains ont constamment peur des forces obscures du mal agissant dans le monde, s'ils ont peur des diables et des divinités fastes et néfastes du monde, de leurs humeurs changeantes, c'est qu'ils croient en des divinités subalternes, comme le font encore aujourd'hui tant de nos contemporains qui croient encore à Vénus, Éros, Neptune, Fortune, Hasard, Jupiter, argent, guerre, pouvoir. L'auteur sacré suggère que Dieu est l'unique. Cet Unique a, pour la création, une tendresse exceptionnelle. Elle est son œuvre. L'être humain est image et ressemblance.

Le contexte du récit n'a rien à voir avec les problèmes écologiques modernes. L'auteur ne peut même pas soupçonner l'existence d'un tel problème. Il vit dans une société fragile qui maîtrise l'élevage et l'agriculture, où les techniques sont développées mais bien modestes par rapport à notre situation actuelle. D'ailleurs les Juifs n'ont pas été très créateurs en ce domaine. La nature est une alliée certes, mais aussi une terrible menace. Catastrophes naturelles, maladies, menaces des animaux sauvages. La réalité ne ressemble pas beaucoup à la bénédiction du verset 28 : « Soyez féconds, emplissez la terre et soumettez-là. » Dans le contexte du temps, cet ordre ressemble plus à un rêve, à un désir utopique qu'à une possibilité.

Depuis une trentaine d'années, on a beaucoup dit que ce texte était à l'origine de la crise écologique car il semble légitimer la violence humaine contre la nature. Il s'est écrit, on s'en doute, d'innombrables commentaires sur cette accusation. Sans reprendre le débat, il me semble qu'on peut poser des affirmations complémentaires. Ce récit de Genèse désacralise le monde en montrant que Dieu ne se confond pas avec lui. Il amorce ce que l'on appellera plus tard le désenchantement du monde et affirme, de ce fait, la liberté humaine. C'est donc un texte à saveur anthropocentrique, qui établit une distinction marquée entre l'être humain et les autres formes de vie. Ce qui fait l'humanité c'est d'être en dialogue avec Dieu. Par ailleurs, en aucune manière ce texte ne légitime la violence humaine. En premier lieu, il est d'abord centré sur Dieu : la vocation humaine est de ressembler à Dieu. Si la domination sur les poissons, les oiseaux et les bêtes est devenue une tyrannie, c'est parce que, à un moment donné, le service de Dieu a été occulté et une forme d'athéisme a prévalu. Sortie de son contexte, la tâche de gérer le monde à la manière de Dieu est devenue une envie démesurée de le violenter pour y affirmer un instinct de pouvoir.

Ce qu'il faut retenir de ce texte, c'est l'idée d'une bonté originelle. Six fois le texte mentionne « que cela était bon ». Une septième fois, il dit que « cela était très bon ». On est loin de la vallée de larmes, de l'obsession du péché, du désespoir de l'absurde. Il se dégage du texte un climat de bonté, de sérénité. C'est pourquoi au septième jour, Dieu se repose. On soupçonne une allusion au sabbat, institution fondamentale en Israël. La vie s'achève dans le repos. Le texte dit : Dieu bénit le septième jour. Les bénédictions sont en général liées à la fécondité sexuelle. Dieu bénit les oiseaux et les poissons au cinquième jour, puis les humains au sixième jour. Curieusement, il bénit le septième jour, le temps du repos, la journée traditionnellement consacrée à Dieu où, abandonnant ses œuvres, l'être humain s'en remet au mystère. Fécondité ultime ? On croirait lire une parabole pour notre temps.

> Est-ce que je pense, moi aussi,
> que les choses de la vie sont bonnes ?
> Est-ce que je crois à l'astrologie,
> est-ce que je pense que ma vie est déterminée
> d'avance par les astres ?

L'histoire d'Adam et d'Ève

« Tu crois encore à l'histoire de la pomme ?
Voyons-donc, réveille-toi. »

L'éternelle méprise continue, entre un récit symbolique et sa confusion historique. Qu'est-ce que le texte veut nous raconter ? Un reportage sur les lieux du drame ? C'est peine perdue. CNN n'était pas là.

Le texte, me semble-t-il, cherche à expliquer l'origine du mal et à faire comprendre la dynamique complexe du couple humain. Même s'il vient en second dans la Bible (*Genèse* 2,4b-3,24), les exégètes estiment que ce récit est plus ancien que le premier, plus simple, encore plus naïf. Il pourrait dater de l'an 850 avant Jésus Christ et donc précéder l'autre de trois siècles.

Le récit est archi connu. Dieu potier façonne l'homme de la glaise et lui insuffle dans ses narines une haleine de vie. Il le place dans un grand jardin bordé de quatre fleuves pour le cultiver et le garder, en respectant l'interdit de l'arbre de la connaissance du bien et du mal ou, selon une autre traduction, du bonheur et du malheur. Constatant la solitude de l'homme, Dieu modèle les animaux. L'homme nomme les animaux mais n'y trouve point son semblable. Alors Dieu fait tomber l'homme dans une torpeur. De la côte de l'homme endormi émerge une femme. « C'est l'os de mes os et la chair de ma chair. » Homme et femme sont nus sans être troublés. Vient ensuite le récit de la tentation. Le serpent rusé suggère de manger du fruit de l'arbre défendu. C'est la faute. Quand Dieu vient au jardin d'Éden, Adam et Ève, conscients de leur nudité, se sont cachés. C'est la malédiction : le serpent est maudit ; l'hostilité viendra entre l'homme et la femme ; la naissance humaine sera laborieuse, le travail difficile, la mort inéluctable. Dieu les chasse du jardin, non sans les vêtir de peaux de bêtes.

À l'analyse, le texte est plein d'incohérences et d'invraisemblances. Tout lecteur mal intentionné peut en rire et s'y attarder. C'est comme se moquer du chat qui fait des pas de sept lieues avec ses bottes, c'est-à-dire passer à côté du texte. Dans son intention, le texte veut dire quelque chose de fondamental sur la place de l'être humain dans le monde, sur le couple humain et sur le mal. Le thème du jardin est classique : c'est le lieu de Dieu, le lieu de l'harmonie reconstruite avec la nature, ni espace proprement sauvage et dangereux, ni espace urbain, mais endroit aménagé et harmonieux. Le jardin est une reconstruction du monde. Son harmonie évoque la présence divine. Évidemment, c'est un lieu mythique, un lieu de rêve.

Dans ce jardin, l'être humain est animé du souffle de Dieu. On remarquera les anthropomorphismes à propos de Dieu, à la fois potier, couturier, promeneur, etc. L'auteur du premier récit de création n'aurait pas osé de pareilles formules. L'être humain se tient du côté de Dieu : quoique glaise, né de la terre, il reçoit le souffle divin qui le constitue vivant. La vie est une prérogative divine, sacrée. Cela annonce le tabou du meurtre.

Dans cet univers, l'être humain n'a pas de semblable. Même si les bêtes sauvages et les oiseaux du ciel sont modelés par Dieu depuis le sol, l'être humain ne s'y reconnaît pas. Il donne un nom aux animaux, ce qui, au plan littéraire, symbolise une nette supériorité, mais ne trouve pas parmi eux son semblable. Sa solitude n'est pas surmontée. D'où le récit du sommeil et de la côte.

Au moment où l'auteur rédige son récit, la société où il vit est profondément patriarcale. Les hommes n'ont que des droits, les femmes que des devoirs. La polygamie est courante et institutionnalisée alors que la déviance féminine est coupable de mort. Une femme seule est fatalement une prostituée. Des courants de pensée laissent entendre que l'homme et la femme ne sont pas des humains de même niveau, que la femme serait comme une sous-espèce. Pour corriger cette impression, l'auteur ne fait pas façonner à Dieu une femme, mais il tire la femme de l'être primordial. Ils deviennent homme et femme, Adam et Ève. On pense au mythe de l'androgyne de Platon où l'être originel est coupé en deux et cherche à travers l'amour à reconstruire son unité.

Dans le mythe d'Adam et Ève, la femme émerge du côté (du cœur) de l'Homme originel. Des gens naïfs ont cherché la côte manquante ! Dans le mythe de l'androgyne, la séparation des deux parties de l'être originel présente l'amour comme une fusion, comme une reconstruction de l'unité primitive. Ici, l'être primitif (le terrien, qui n'a pas encore de nom propre : est-il un mâle ?) n'a pas d'équivalence dans la nature. Celle qui sort de lui-même est donc identique à lui, comme son miroir. Pour utiliser un titre à la mode : « l'un est l'autre ». L'amour qui les relie vise moins à reconstruire l'unité perdue (puisque les deux sont bien la même humanité) qu'à assurer la complémentarité. Ce n'est pas la fusion qui est recherchée mais la communion, la victoire sur la solitude dans la complémentarité. « C'est pourquoi l'homme quitte son père et sa mère et s'attache à sa femme, et ils deviennent une seule chair » (*Gn* 2, 24). En quittant père et mère, l'homme et la femme deviennent à leur tour chefs de clan, des ancêtres qui recommencent l'histoire humaine.

Dans cette harmonie du jardin d'origine où tout baigne dans la paix (Dieu est familier, les animaux sont dociles, le couple humain n'est pas troublé et cultive le jardin), comment expliquer la présence du désordre et du mal ? Le mal vient-il de Dieu, d'un ennemi, de nous-mêmes ? L'auteur suggère que le mal vient surtout de la liberté humaine. Pour cela, il postule un interdit : celui de l'arbre de la connaissance du bien et du mal, du bonheur et du malheur. Est-ce, comme le suggère la Bible de Jérusalem, la capacité de décider de ce qui est bien et de ce qui est mal, laquelle capacité est une prérogative de Dieu ? Est-ce un interdit sexuel, lié au caractère de la vie, comme le laisse entendre l'allusion à la nudité innocente puis troublante ? « Qui t'a appris que tu étais nu ? » Créature, l'être humain n'est pas le définisseur absolu du bien et du mal. Un ordre le précède et, en un sens, l'oblige.

Pour mettre en scène son récit, sur ce point savoureux, l'auteur évoque le serpent, le plus rusé des animaux. Le serpent est le symbole du diable et du mal, mais aussi un symbole sexuel universel, celui du phallus. C'est probablement pourquoi il séduit la femme.

Ensuite, le drame se déroule du côté humain : la séduction, le désir, le passage à l'acte, la constatation du désordre : « Leurs yeux à tous deux s'ouvrirent et ils connurent qu'ils étaient nus. » Il y a là une psychologie extraordinaire. Le passage à l'acte change à jamais la perception de son auteur. De l'autre côté de la faute, la vie ne sera jamais plus pareille. Le thème de l'innocence perdue est inépuisable.

Cette faute primitive, cette défaillance de la liberté humaine inscrivent désormais le désordre dans le monde : la familiarité avec Dieu est perdue, le couple humain connaît une déchirure profonde qui oppose l'homme et la femme, la nature résiste et le travail est pénible, la souffrance fait son apparition. Le paradis n'existe plus, sa porte demeurant défendue par des chérubins. Il reste la dure réalité du froid, de la faim, de l'errance, de la mort. Pourtant Dieu prend la peine de vêtir l'homme et la femme de peaux de bête.

Ce récit de création, qui n'en est pas, apparaît d'abord comme un récit sur Dieu, sur le couple et sur l'être humain. L'être humain reçoit le monde mais ne le crée pas. Être animé de vie, il a Dieu pour auteur. Le couple humain est marqué par l'égalité. L'être humain ne se confond pas avec l'animal, bien que cet aspect soit très secondaire dans le récit. Le mal s'explique principalement par la défaillance de la liberté humaine, mais il y a des résidus qui laissent entendre que cela n'explique pas tout : l'interdit et le serpent.

Riche d'enseignements, ce récit ne dit rien, mais absolument rien, de l'astrophysique ou de la biologie. Le jardin d'Éden est proprement mythique et il n'y a jamais eu dans l'histoire réelle d'état paradisiaque où l'être humain aurait vécu sans jamais mourir. Hélas, le catéchisme romain tient encore ce genre de discours. L'immortalité évoquée n'est pas celle d'un passé enfoui, mais plus une évocation du futur. Dans un monde tourmenté par le mal, mal de la faute symbolisé par le défi d'Adam et Ève à l'égard de l'interdit, mais aussi mal de nature symbolisé par le serpent, l'être humain trouvera la vie en surmontant les antagonismes et en reconstruisant l'harmonie avec la nature, avec autrui, avec Dieu. C'est là le gage d'une vie abondante et sans fin. Le péché est lié à la mort, spirituelle et physique. Le contraire du péché, la fidélité, le pardon, la grâce seront liés à la guérison et à la vie, tant physique que spirituelle.

> **Est-ce que pour moi l'homme et la femme**
> **sont véritablement égaux ?**
> **D'où vient le mal ? quel rôle**
> **joue la liberté humaine ?**

Une vision religieuse de la création

Les récits de création de la Bible sont des récits religieux, qui ne racontent aucunement le comment des choses mais qui cherchent à donner sens à notre vie. Malgré le désordre apparent du monde, ils affirment la présence et l'action du Créateur. Cette action est une action de tendresse et de sollicitude. Le premier récit lutte contre le paganisme (du latin *paganus* : paysan) qui voit dans la nature une force divine qui assujettirait les humains. Il affirme la transcendance de Dieu et la dignité éminente des humains dans la création. Le deuxième récit nous éclaire sur le mystère de l'unité du couple humain tout en offrant une explication du mal.

Ces textes ne disent rien sur l'origine cosmique du monde, sur sa durée, son espace, sur les étapes de l'évolution de la vie. Ils sont écrits conformément aux représentations spatiales et cosmologiques de leur temps, très ancien pour nous. Ils sont moulés dans un langage et des images d'autrefois. Malheureusement, les croyants et croyantes qui adhèrent au Dieu dont témoigne la Bible ont compris le message spirituel comme nécessairement lié aux représentations spatiales et cosmologiques de ce temps-là. Aussi, quand la science, à force d'observations, a mis en doute l'ancien cadre de référence, les croyants et surtout leurs Églises, leurs chefs et leurs théologiens ont eu tendance à critiquer la science à coup d'affirmations dogmatiques. La réaction des scientifiques fut parfois du même acabit : ils ont nié la foi au nom de la science. Ce qui donne encore des remarques sarcastiques de professeurs à des adolescents inquiets : « Tu crois encore à la création en sept jours ? » « Tu crois à la pomme ? » Pour ma part, je ne crois pas du tout à la création en sept jours, mais je n'en crois pas moins au Créateur. Je ne crois pas du tout à la pomme, mais je sais le drame et la souffrance que peut susciter la liberté humaine quand elle dévie de sa route.

L'Église a demandé pardon, bien tard, pour l'affaire Galilée. Le pape Jean-Paul II, qui est féru de science, a abordé fréquemment ce thème, utilisant parfois à son propre compte des citations de Galilée. La citation suivante en est une bonne illustration : « L'Écriture sainte veut simplement déclarer que le monde a été créé par Dieu et, pour enseigner cette vérité, elle s'exprime avec les termes de la cosmologie en usage au temps de celui qui écrit [...]. Tout autre enseignement sur l'origine et la constitution de l'univers est étranger aux intentions de la Bible : celle-ci ne veut pas enseigner comment a été fait le ciel, mais comment on va au ciel. » Malgré des résistances et des retours d'intégrisme, on peut penser que la dissidence est clause.

Du côté des scientifiques, pour des raisons complexes que je ne puis décrire, faute d'espace, le contexte évolue également. On comprend mieux maintenant que la science n'est jamais un pur calque de la réalité, qu'elle est toujours portée par des valeurs et construite par un être humain qui occupe une place dans la société et joue donc un rôle. Pour utiliser un terme anglais, il n'y a pas de science « value free ». En physique quantique, on admet maintenant que l'observateur modifie la réalité de ce qu'il observe. On s'aperçoit aussi que, même dans les sciences que l'on croit les plus strictes et les plus rigoureuses, la manière de poser les problèmes est extrêmement importante. Quelle est la question que l'on se pose ? Pourrait-on la poser autrement ? Si le paradigme change, tout change, un peu comme un même paysage paraît différent au fur et à mesure que l'on se déplace sur la route.

On comprend donc mieux, à propos de la création, que les textes bibliques et les discours scientifiques (astrophysique, géologie, biologie, mathématiques, etc.) ne se situent pas au même niveau. Mais on ne peut pas non plus se cantonner à un double discours de deux vérités parallèles. C'est pourquoi les croisements, dialogues et conflits sont incessants entre la science et la foi. Je pense qu'ils le seront toujours. Galilée disait : « L'Écriture sainte et la nature procèdent, l'une et l'autre, du Verbe divin. » C'est une image tout à fait traditionnelle de parler des deux grands livres de la foi : Bible et nature. Le scientifique croyant a tendance à insister sur les réconciliations possibles. Le scientifique incroyant a tendance à marquer les ruptures. Il faut ici se méfier des concordances faciles. Le dialogue demeure possible si les uns et les autres sont avant tout des chercheurs de vérité.

Alléluia !
Louez le SEIGNEUR depuis les cieux :
louez-le dans les hauteurs ;
louez-le, vous tous ses anges ;
louez-le, vous toute son armée ;
louez-le, soleil et lune ;
louez-le, vous toutes, les étoiles brillantes ;
louez-le, vous les plus élevés des cieux,
et vous les eaux qui êtes par-dessus les cieux.

Qu'ils louent le nom du SEIGNEUR
car il commanda, et ils furent créés.
Il les établit à tout jamais ;
il fixa des lois qui ne passeront pas.

Louez le SEIGNEUR depuis la terre :
dragons et vous tous les abîmes,
feu et grêle, neige et brouillard,
vent de tempête exécutant sa parole,
montagnes et toutes les collines,
arbres fruitiers et tous les cèdres,
bêtes sauvages et tout le bétail,
reptiles et oiseaux,
rois de la terre et tous les peuples,
princes et tous les chefs de la terre,
jeunes gens, vous aussi jeunes filles,
vieillards et enfants !

Qu'ils louent le nom du SEIGNEUR,
car son nom est sublime, lui seul,
sa splendeur domine la terre et les cieux.
Il a relevé le front de son peuple.
Louange pour tous ses fidèles,
les fils d'Israël, le peuple qui lui est proche !
Alléluia !

(Psaume 148, traduction TOB)

III

Vision de la création

On peut croire ou ne pas croire en Dieu, reconnaître ou nier le créateur. L'existence de Dieu n'est pas évidente et l'immense diversité des religions et des expériences spirituelles laisse entendre que les marges d'interprétation sont grandes. Pour certains, Dieu n'existe pas, son hypothèse n'étant pas nécessaire à la compréhension de l'univers. La science pourrait répondre à nos interrogations et une sagesse rationnelle pourrait guider nos actions. C'est la voie de l'humanisme athée. Pour d'autres, si Dieu existait, sa présence serait révoltante à cause de l'existence du mal. On connaît la révolte de Camus et de ses semblables. Comment croire après Auschwitz, ou tant d'autres folies meurtrières dont nous ne cessons d'être témoins ? Vivre pour être victimes ?

Traditionnellement, les philosophes ont souvent tenté de démontrer l'existence de Dieu et de remonter de la nature à un hypothétique créateur. Y a-t-il une horloge sans horloger ? Voltaire soulevait la question, lui qui n'était guère croyant. Des sceptiques actuels parlent même d'un horloger aveugle pour évoquer l'hypothèse d'un hasard sans but ni raison. Malgré tout, nos contemporains voient dans la nature un ordre dans le désordre, observent des cohérences, formulent des règles si précises et si déterminées que l'on parle de science et de certitude. Faut-il conclure qu'il y a une intelligence derrière tout cela?

C'est ainsi qu'en cheminant depuis des voies diverses, par exemple les notions de temps, de cause, de nécessité, d'ordre, de beauté, les cinq voies traditionnelles de l'existence de Dieu, une démarche philosophique en arrive à supposer une cause en dehors des causes connues, un Autre hors de ce monde qui donne à ce monde sa raison d'être.

On peut certes remonter d'un effet à sa cause, à la cause de cette cause et ainsi de suite. On peut le faire indéfiniment, comme le fait l'enfant qui, à chaque réponse, relance un autre pourquoi. En remontant ainsi de fil en aiguille, on peut reconstituer tous les engrenages de la mécanique. Mais on n'a pas expliqué la mécanique elle-même. Ou bien, nous entrons dans des explications circulaires, comme la chanson de folklore : « y a un trou dans mon sceau », ou comme la réclame publicitaire : « Elles sont plus fraîches parce que plus de gens en mangent, plus de gens en mangent parce qu'elles sont plus fraîches. » Selon l'argumentation des voies de l'existence de Dieu, il faut sortir de la lignée des causes de même niveau et postuler une cause d'un autre ordre, une Cause première non causée.

L'argument n'est pas nécessairement convaincant pour tout le monde, à cause de la complexité des jeux de logique impliqués dans ce type de raisonnement. Mais c'est un argument de sens commun presque universel, d'ailleurs évoqué par saint Paul dans sa lettre aux Romains : « depuis que Dieu a créé le monde, ses qualités invisibles, c'est-à-dire sa puissance éternelle et sa nature divine, se voient dans les œuvres qu'il a faites » (*Rm* 1,20 ; traduction en français courant). L'expérience esthétique du monde est une source d'émotion religieuse et de découverte de Dieu. Simple romantisme ou intuition primordiale ? Nous voici certainement devant un argument plausible. L'argument contraire, c'est-à-dire la négation de Dieu, n'est pas non plus sans faille puisqu'on ne peut guère faire la démonstration d'une hypothèse négative. Jacques Brel, qui a beaucoup dénoncé Dieu avec un acharnement qui ressemble à un amour blessé, crie dans une de ses chansons : « Et puis, si j'étais le bon Dieu, je crois que je ne serais pas fier. Je sais, on fait ce qu'on peut. Mais il y a la manière. » Les croyants doivent comprendre qu'ils vivent dans un monde où l'incroyance n'est pas sans motif et où la négation agressive n'est pas sans recherche.

Je ne suis qu'un chercheur de Dieu.
Humble pèlerin sur mes chemins perdus,
Qui parcourt la route sans carte ni boussole,
Qui cherche une montagne pour voir à l'horizon
Et, par les nuits claires, parle en vain aux étoiles.
Je ne suis qu'un chercheur de Dieu.
Existe-t-il ailleurs, est-il déjà présent?
N'est-il qu'un mirage
À chaque pas plus proche, à chaque pas évanoui?

Je crie pourtant ton nom et n'entends que le vent
Je cherche ta présence et ne trouve qu'une ombre.
Est-ce moi qui suis aveugle, ou toi qui te dérobes?
Je te cherche, je te cherche, je te cherche encore.
Marcheur fatigué sur les routes humaines
Je te cherche et j'espère.

Recevoir le monde comme un don

Dans la foi chrétienne, nous affirmons que la création est, de la part de Dieu, un geste d'amour, de tendresse, de sollicitude. Des récits d'autres traditions religieuses présentent la création comme le fruit d'une bagarre entre les dieux au ciel, ou comme une chute, une déchéance. « L'homme est un dieu déchu qui se souvient des cieux », disait Lamartine. Pour ces gens-là, la chair est honteuse et la terre ressemble à une prison, ou à un exil. Pour d'autres traditions, les dieux engendrent la terre, comme une forme de génération sexuelle qui va de Dieu aux humains. « ATOUM, une fois parvenu à l'existence, se livra à la masturbation en Héliopolis. Il plaça son phallus dans son poing et, ainsi, se créa du plaisir. Alors naquirent deux jumeaux : Shou en même temps que Tefnout » (cité par J. Ki-Zerbo, *Compagnons du soleil*, p. 47). Shou et Tefnout sont en quelque sorte le couple originel.

Comparativement, les récits de création de la tradition biblique sont très dépouillés et insistent pour marquer la distance entre Dieu et sa créature. Israël a une conception extraordinairement pure de Dieu. La création est œuvre de liberté et de gratuité. « Dieu dit... et il en fut ainsi. » C'est aussi une œuvre de beauté. Déjà l'existence vaut mieux que le néant, la vie est meilleure au goût que la mort. Croire en la

création, ce n'est pas croire en une simple chique-
naude originelle, il y a quinze milliards d'années, au
début du temps ou hors du temps. C'est une action
permanente. C'est aujourd'hui que Dieu crée le
monde et le maintient, c'est maintenant encore que
l'œuvre de création est œuvre d'amour et de générosité. Malgré le mal, malgré l'imperfection du
monde, malgré les incohérences que nous observons
et dont nous souffrons. Croire au créateur, c'est dire
oui à toute la réalité et la recevoir comme un don.
Ce qui laisse entrevoir qu'à travers les désordres
actuels, le tohu-bohu, une cohérence peut émerger.

En ce sens, la création baigne dans une grâce
originelle, selon le livre étonnant de Matthew Fox,
ou, mieux encore, une bénédiction originelle (*Ori-
ginal Blessing*). Il faut dire, contre les Grecs, que la
création n'est pas une chute. La chute arrive plus
tard, principalement à cause du drame de la liberté
pécheresse. Mais l'acte créateur est pure joie et pure
bonté. Il est grâce et bénédiction. Il est générosité.
Croire au Créateur, c'est recevoir la vie, le mouvement et l'être, c'est accueillir, admirer, rendre grâces.

Tant de gens traînent leur vie comme un boulet.
Quelle tristesse.

Est-ce que dans ma perception
de la foi le péché occupe
plus d'espace que la grâce?

Est-ce que je vois la création
comme un geste de bonté et de gratuité
de la part de Dieu?

Pas un seul mot, et pourtant c'est son Nom
Que tout secrète et ne cesse de chanter;
N'avez-vous pas un monde immense en vous?
Soyez son cri, et vous aurez tout dit.

Il suffit d'être, et vous nous entendrez
Rendre la grâce d'être et de bénir;
Vous serez pris dans l'hymne d'univers,
Vous avez tout en vous pour adorer.

(Patrice de La Tour du Pin, dans *Prière du temps présent*,
p. 676)

Cause première et causes secondes

Dans les récits bibliques de création, surtout le premier, le rédacteur manifeste un très vif souci de nier les pratiques des religions païennes environnantes, de dénoncer les idoles faites de main d'homme, statues d'animaux et symboles de fécondité, de montrer l'inanité de supposées divinités habitant les eaux, les airs, le cosmos. Comme il voit en Dieu le créateur de toutes choses, il a tendance à affirmer que Dieu fait tout lui-même. S'il pleut, c'est Dieu qui fait pleuvoir. S'il fait chaud, il en est aussi la cause. Les causes secondes disparaissent et il n'y a plus que Dieu en tout et partout, seul acteur qui occupe toute la scène. Il y a là le danger d'une déviation qui s'appelle le providentialisme. Si un homme est riche, c'est Dieu qui le fait riche. Cela laisse donc entendre que sa vie est bonne et que sa richesse est une récompense. Si, à l'inverse, il est pauvre ou malade, c'est qu'il est pécheur. Jésus va réagir très vivement contre une telle conception fataliste de Dieu. Les représentations providentialistes de Dieu et de son action sont encore monnaie courante. Qu'est-ce que j'ai fait au bon Dieu pour avoir un enfant malade, s'écrie la mère éplorée. Le riche, à l'inverse, affirme volontiers que son statut, il l'a mérité. Depuis l'Ancien Testament et chez encore bien des gens, la richesse est le signe de la bénédiction de Dieu, la récompense d'une bonne vie. Hélas, quand on vérifie, c'est loin d'être toujours le cas.

Le psaume 104 est le modèle d'une vision où la nature baigne sous la conduite immédiate de Dieu. Dieu s'avance sur les ailes du vent, il déploie les cieux comme une tente.

> Tu fais croître l'herbe pour le bétail
> et les plantes à l'usage des humains,
> pour qu'ils tirent le pain de la terre
> et le vin qui réjouit le cœur de l'homme,
> pour que l'huile fasse luire les visages
> et que le pain fortifie le cœur de l'homme.

(*Ps* 104,14-15 traduction BJ)

Voici un langage naïf, non critique, qui ne doit berner personne. Si le cultivateur ne cultive pas, il ne récoltera pas, Dieu fût-il de son côté. La Bible est un témoignage sur Dieu. Pour affirmer sa foi, elle escamote l'enchevêtrement des causes physiques, biologiques, humaines. Joli raccourci que tous les darwiniens du monde se plaisent à enfoncer comme des portes ouvertes.

Il faut plutôt penser la création comme un acte gratuit de Dieu qui, en même temps, fonde notre liberté et institue l'ordre du monde. Il n'y a ni opposition, ni antagonisme entre le geste créateur de Dieu d'une part et, d'autre part, la liberté humaine et les lois physiques, chimiques, mathématiques qui semblent présider à l'équilibre du cosmos. Le fait que l'univers fonctionne en partie comme une horloge rend possibles la science et la technique. Autrefois, les scientifiques pensaient même que l'univers n'était qu'une horloge entièrement déterminée. Maintenant, ils reconnaissent dans la mécanique du monde des niveaux d'imprécision, de hasard, l'indétermination, comme s'il y avait dans la nature même plusieurs chemins possibles, je n'ose dire des formes de liberté, mais certainement de l'aléatoire.

La liberté, elle, se retrouve chez l'être humain qui peut choisir le bonheur ou le malheur, la justice ou son déni, l'amour ou la haine, le partage ou le refus d'autrui. Naturellement, ce n'est pas tout le monde qui croit à la liberté, celle de choisir (la liberté de) mais surtout celle d'assumer sa vie et de lui donner un sens (liberté pour). C'est pourquoi le récit de la chute est si important car il dévoile un fait souvent caché : le pire mal de la vie vient de la défaillance humaine. Quand nous naissons, nous naissons dans une humanité marquée par la déchéance et le mal, par le poids des iniquités, des mépris, des racismes. On peut appeler cela le péché originel. À notre tour souvent, nous relayons ce mal, par nos propres refus. Adam n'est pas nécessairement un individu isolé, premier d'une lignée. C'est un nom collectif. Chacun de nous est Adam pour soi ; chacun peut ajouter au poids du mal dans la société. Il y a une terrible équivalence entre la haine et le malheur. Mais si nous modifions le cours de la vie, chacun peut devenir un bâtisseur d'humanité, un signe de salut.

Si la création est un don, elle est aussi une invitation, un don de responsabilité. « Si j'existe et suis libre, Dieu n'existe pas. S'il existe, je ne suis pas libre. » Qui n'a entendu ce reproche, qui ne l'a proféré à son adolescence, à son divorce, à sa première vraie révolte ? Ce malaise se dissipe quand on intuitionne que Dieu est amour et qu'il transcende les limites de notre vie. Plus que de l'entraver, l'appel de Dieu fonde la liberté, la fait émerger.

> **Est-ce que je vois les malheurs
> de ma vie comme des punitions de Dieu ?**
>
> **Est-ce que je me considère responsable
> de ma propre vie, artisan de bonheur
> et de malheur ?**

Comme languit une biche
après les eaux vives,
ainsi languit mon âme
vers toi, mon Dieu.

Mon âme a soif de Dieu,
du Dieu vivant;
quand irai-je et verrai-je
la face de Dieu?

Mes larmes, c'est là mon pain
le jour, la nuit,
moi qui tout le jour entends dire:
Où est-il, ton Dieu?

(Psaume 42,2-4, traduction BJ)

Dieu créateur et sauveur

Nous croyons au créateur. Plus encore, nous croyons que le Dieu qui crée est aussi celui qui sauve. Il y a ici un paradoxe assez déroutant, car on peut se représenter la création comme un acte de puissance. L'emphase du récit de création et la solennité des psaumes y incitent largement. Mais le Dieu qui sauve ne sauve pas par la puissance. Il le fait par la faiblesse, par le renoncement à sa puissance. Dieu s'est vidé de lui-même.

Le monde a été incapable, au moyen de la sagesse humaine, de reconnaître Dieu là où se manifestait la sagesse divine. C'est pourquoi, Dieu a décidé de sauver ceux qui croient en utilisant ce message apparemment fou que nous prêchons. Les Juifs demandent des miracles et les Grecs cherchent la sagesse. Quant à nous, nous annonçons le Christ cloué sur la croix : c'est un message scandaleux pour les Juifs et une folie pour les non-Juifs.

(Première lettre aux Corinthiens 1,21-23 ;
traduction en français courant)

Jésus-Christ possède depuis toujours la condition divine, mais n'a pas estimé qu'il devait chercher à se faire de force l'égal de Dieu. Au contraire, il a de lui-même renoncé à tout ce qu'il avait et il a pris la condition de serviteur.

Il a accepté de vivre dans l'humilité et s'est montré obéissant jusqu'à la mort, la mort sur la croix.

(Lettre aux Philippiens 2,6-8 ;
traduction en français courant)

En christianisme, c'est beaucoup à partir du salut que nous comprenons, en rétrospective, le mystère du Dieu créateur. C'est pourquoi le problème du mal, qui paraît de prime abord insoluble, peut trouver ici sa résolution. La souffrance nous semble un mal de créature, la rançon d'une situation inférieure. Le mal serait donc une fatalité, le fruit d'une décision de Dieu. Or, c'est là le paradoxe, la Révélation laisse entendre au contraire que Dieu n'est pas extérieur à nos souffrances. En Jésus, il assume ce côté sombre, intolérable, de la condition humaine, il porte la souffrance avec nous, pour nous et la transforme. Double révélation d'un Dieu tourné vers les humains et taraudé par l'amour. Il crée à l'origine. Il offre l'amour inlassablement. Il accompagne et reconstruit l'amour malgré les errances de la liberté pécheresse. Là où le péché abonde, la grâce surabonde.

C'est pourquoi Jésus ne se contente pas de la thèse selon laquelle le juste est riche et le pauvre pécheur. Connaissant les perversions du cœur humain et la volonté de puissance des forts, les distorsions des sociétés et le poids des structures du mal, il prend le parti des pauvres et des petits. Si la thèse de Darwin sur la victoire du plus apte, qui est parfois le plus fort, vaut pour les lois biologiques, elle ne semble pas valoir pour le Dieu de Jésus qui se réjouit davantage d'un pécheur repenti que de cent justes qui n'ont pas besoin de miséricorde, qui s'identifie au plus faible, à celui qui a faim et soif, qui est nu, malade, prisonnier.

C'est probablement ici que le pire malaise se manifeste entre des lois dites naturelles de l'élimination des faibles et les principes évangéliques de la primauté des pauvres et des petits. Le terrain se déplace toujours du côté de la justice. La nature ne semble en avoir cure. Au plan social, il y a d'ailleurs une forte hypothèque au déficit d'un certain darwinisme qui cherche à appliquer uniformément aux humains des concepts strictement biologiques. Ce que l'on a dit sur l'infériorité biologique et intellectuelle des femmes à cause de leur masse cérébrale inférieure à celle des hommes ! Au plan écologique d'ailleurs, la victoire du plus apte n'est qu'un des phénomènes en cause. Tout n'est pas que compétition. Il y a aussi, et très largement, collaboration, symbiose, complémentarité, commensalisme entre les espèces. À tout prendre, l'intégration importe davantage à la survie que la lutte. Quand une théorie scientifique cherche à s'imposer comme un principe de vie absolu, il faut se méfier.

La foi chrétienne paraît plus soucieuse de la justice et de l'amour que de l'harmonie du milieu écologique en lui-même. Elle porte plus d'attention au Dieu qui sauve qu'au Dieu qui crée. C'est peut-être la raison pour laquelle nous semblons manifester un certain retard dans la prise en compte de la nature dans notre spiritualité. On dirait que nous craignons toujours plus le panthéisme et le paganisme que la pure négation de Dieu, ou que nous avons surtout peur d'une évasion de l'humain au profit du seul biologique. Quand on sait les dérives du nazisme qui a tué si sauvagement à partir de sa conception du sang et de la pureté de la race, ou quand on voit les dérives de notre société où les animaux domestiques sont mieux nourris que les enfants pauvres, peut-être n'est-ce pas sans raison.

Je ferai sur vous une aspersion d'eau pure et vous serez purs ; je vous purifierai de toutes vos impuretés et de toutes vos idoles. Je vous donnerai un cœur neuf et je mettrai en vous un esprit neuf ; j'enlèverai de votre corps le cœur de pierre et je vous donnerai un cœur de chair. Je mettrai en vous mon propre esprit, je vous ferai marcher selon mes lois, garder et pratiquer mes coutumes. Vous habiterez le pays que j'ai donné à vos pères ; vous serez mon peuple et je serai votre Dieu. Je vous délivrerai de toutes vos souillures, j'appellerai le blé, je le ferai abonder, je ne vous imposerai plus la famine.

(*Ez* 36,25-30, traduction TOB)

> Est-ce que pour moi le souci
> de la justice est prioritaire?
>
> Suis-je capable de faire un lien
> entre la défense des pauvres
> et la défense de l'environnement?

La fécondité du sabbat

Bienheureux septième jour. «Dieu conclut au septième jour l'ouvrage qu'il avait fait et, au septième jour, il chôma après tout l'ouvrage qu'il avait fait. Dieu bénit le septième jour et le sanctifia car il avait chômé après tout son ouvrage de création.»

J'ai indiqué au chapitre précédent l'incongruité que représente la bénédiction sur le temps, catégorie abstraite, alors que la bénédiction s'inscrit normalement dans un contexte de fécondité sexuelle. Le septième jour est le jour de Dieu. Sous le mot, on devine la référence au sabbat. Le texte laisse soupçonner que le jour du repos, repos de Dieu, inscrit à sa manière un autre type de fécondité. Il y a la fécondité des travaux et des jours, celle de l'œuvre à accomplir. Mais il y a aussi le temps du repos, un temps béni, qui introduit dans un autre registre de la réalité.

Ici encore, on croirait lire une parabole de notre temps. Nous sommes entrés dans une ère de productivisme intense. Le temps est de l'argent, c'est bien connu. Il n'y a de place dans la société que pour ceux qui ont de l'argent, qui font de l'argent. Pourtant, la vitalité de la société repose sur des relations extra-ordinairement complexes que les citoyens tissent entre eux : relations familiales, amicales, sportives, culturelles, de loisirs, de travail, d'appartenance à des communautés multiples allant du Club Optimiste à une Église, en passant par le syndicat, la caisse populaire et le parti politique. Le résultat global consiste en une société civile dont les réseaux s'interpénètrent profondément et échappent à une logique unique. Dans ce contexte, le marché n'est qu'une des dimensions de la vie sociale. Or la société de consommation cherche à inscrire toutes nos relations sociales dans les termes du marché et à refuser les espaces de fantaisie, de don, d'échange non marchand qui nous sont familiers. C'est pourquoi l'offensive a été si systématique pour permettre l'ouverture des commerces le dimanche alors que la résistance est venue des syndicats et des Églises.

Au 19ᵉ siècle, le dimanche a représenté une revendication ouvrière essentielle : celle du repos du travailleur pour refaire ses forces. La revendication religieuse traditionnelle retrouvait sa dimension anthropologique et a permis de faire front commun. Mais aujourd'hui, ce n'est plus de cela qu'il s'agit,

Suis-je capable de moments de gratuité?

Est-ce que je sais faire du dimanche
un temps de repos, un temps libéré de la
consommation abusive de notre société?

Il y a un moment pour tout et un temps pour chaque
chose sous le ciel:
un temps pour enfanter et un temps pour mourir,
un temps pour planter et un temps pour arracher le
plant,
un temps pour tuer et un temps pour guérir,
un temps pour saper et un temps pour bâtir,
un temps pour pleurer et un temps pour rire,
un temps pour se lamenter et un temps pour danser,
un temps pour jeter des pierres et un temps pour
amasser des pierres,
un temps pour embrasser et un temps pour éviter
d'embrasser,
un temps pour chercher et un temps pour perdre,
un temps pour garder et un temps pour jeter,
un temps pour déchirer et un temps pour coudre,
un temps pour se taire et un temps pour parler,
un temps pour aimer et un temps pour haïr,
un temps de guerre et un temps de paix.

(Le livre de l'Ecclésiaste, ou Qohélet 3,1-7, traduction
TOB)

puisque la lutte ouvrière a obtenu depuis longtemps la semaine de cinq jours, et de quarante heures, ou moins. La revendication du capital a utilisé très habilement le «droit de consommer». Et c'est sous cet angle que le commerce généralisé le dimanche est devenu chose acceptable, sinon désirée socialement.

Mais le phénomène révèle aussi quelque chose d'essentiel sur nous: ce n'est plus le travail qui nous définit, mais la consommation. Bien sûr, pour que la consommation puisse avoir lieu, des gens travailleront le dimanche (selon des grilles horaires variables) et progressivement l'ensemble de l'activité industrielle et marchande pourra se distribuer sur un temps social indéterminé. Les individus se reposeront: le marché n'arrêtera pas, confirmant ainsi l'enfermement de la réalité humaine dans la production.

Je ne dis pas qu'il faut traduire nécessairement la mystique du septième jour en un jour civilement chômé où le commerce soit interdit. Faut-il alors le dimanche pour les chrétiens, le samedi pour les juifs, le vendredi pour les musulmans? Mais je dis que le texte biblique ouvre un espace et un temps symboliques dont nous avons perdu jusqu'à la signification. À force de vouloir nous affirmer, nous risquons de cesser d'être humains!

Le temps le plus fécond de la vie est souvent celui de la gratuité, du rien-faire, de l'imagination, de la mise à distance de l'œuvre, de la dépossession de soi. Ce temps est aussi le temps de l'au-delà de l'homme, qu'on le dénomme Dieu, transcendance, réalité ultime, autre dimension, peu importe ici. L'œuvre de création n'est jamais achevée. Elle n'est pas close sur elle-même. Elle s'ouvre sur un septième jour qui n'est pas une œuvre mais qui achève toute œuvre. Nous qui avons tout enfermé dans la raison, dans le travail et dans la consommation n'arrivons pas à tolérer cela. Nous avons la boulimie de l'efficacité et, ce faisant, nous détruisons la terre comme un moteur qui surchauffe. Nous ne sommes pas en carence de loisirs. Nous ne savons plus qu'en faire. Nous sommes en carence d'un temps hors-marché, qui penche du côté de Dieu. Il y a, dans le travail, de la libération. Il y a aussi dans le travail de l'esclavage, pour autrui la plupart du temps et parfois pour soi-même. Le septième jour libère de cette libération qui peut asservir, de cette soumission esclavagiste du marché et de la consommation.

La création est une œuvre ouverte, inachevée, qui pointe au-delà d'elle-même. Vouloir l'enfermer dans un programme, c'est la détruire. Et c'est bien cela qui risque d'arriver si nous oublions qu'à la chute de la semaine un autre temps commence qui se moque du temps.

Un monde nouveau?

Si l'on en croit les sciences actuelles, malgré son rythme incroyablement lent, notre monde s'en va vers la mort. Les étoiles naissent, vieillissent et meurent. La chaleur se disperse, le froid s'installe. Un jour, notre soleil s'éteindra et la vie sur terre, coupée de sa source d'énergie, retournera dans le silence. Quant à l'univers, il semble actuellement en expansion. S'il a dépassé la masse critique, il ira se dispersant à l'infini. Sinon, il pourrait se rétracter et revenir en son centre en une immense pulsation. Quinze milliards d'années pour s'étendre, autant pour se refermer? Tout cela semble au-delà du réel. Un million d'années ou un milliard d'années, pour notre conscience psychologique, c'est la même chose. C'est un gouffre de temps sans fond, qui ne ressemble à rien.

La vie biologique n'est pas faite pour vivre toujours. Elle est éphémère obligatoirement, elle s'use, se consume, s'atrophie et meurt. Qu'il vive cent ans ou mille, le vieux chêne, un jour, baisse les bras. L'herbe jaunit et se fane. L'homme grandit, triomphe, vieillit et meurt. Cela nous révolte, à cause de la conscience de la mort qui nous habite. Mais cela est inéluctable car la vie s'affirme en s'usant. Dieu peut-il faire un bâton sans bout, demandait-on autrefois au catéchisme. Non, car cela n'a pas de sens. L'éternité n'est pas le temps indéfiniment prolongé. La vie éternelle ne saurait non plus être le prolongement à l'infini de nos prouesses physiques. Je ne sais pas du tout ce que peut être la vie éternelle, mais il est sûr que c'est tout autre chose qu'une extension du temps. Une vie biologique, sans mort, cela n'a pas de sens. Un penseur sceptique de l'Ancien Testament laisse échapper cette remarque douce-amère :

> La supériorité de l'homme sur la bête est nulle,
> car tout est vanité. Tout s'en va vers un même lieu :
> tout n'est que poussière
> tout s'en retourne à la poussière.
> Qui sait si le souffle de l'homme monte vers le haut et
> si le souffle de la bête descend en bas vers la terre ?
> Je vois qu'il n'y a de bonheur pour l'homme qu'à
> se réjouir de ses œuvres, car c'est là sa part.
> Qui donc l'emmènera voir ce qui sera après lui ?

(*Qo* 3,19-22, traduction TOB)

Peut-être ce qu'il y a de plus beau dans la vie vient-il de ce qu'elle est éphémère ? C'est là que le moindre instant acquiert sa densité, sa valeur unique, irrévocable. Le goût envoûtant du premier café le matin, la première marche après trois jours de maladie, la poignée de mains échangée après une engueulade. Ceux qui vieillissent bien sont ceux qui ne cessent de découvrir et de s'émerveiller de la vie. Goûter chaque jour comme le premier matin de sa vie. Peut-être est-ce pour cela que nous rêvons d'éternité. Vaincre le temps, vaincre la mort, échapper à ce fleuve qui coule et s'en va nous diluer vers la mer.

S'il y a une autre vie après la vie, ce n'est pas la même vie recommencée. S'il est un Dieu qui nous crée dans le temps et qui nous fait les auditeurs de sa Parole, l'achèvement de ce dialogue en une autre vie ne peut se faire qu'au-delà des contraintes du temps et de l'espace. Mais pour évoquer cet au-delà, nous ne disposons que d'images qui nous viennent du temps et de l'espace. C'est cette représentation que me semble soutenir la formule du credo : je crois à la résurrection de la chair et à la vie éternelle.

Si la résurrection de la chair n'est pas un au-delà de la chair, c'est peine perdue. Nous retombons dans le cycle des naissances et des morts. Nos frères bouddhistes qui croient en la réincarnation méditent et prient pour que ce cycle infernal de naître et de mourir arrête et qu'arrive enfin le nirvana, la mort de tout désir, le sommeil sans fin. Car toujours renaître et recommencer, c'est l'enfer. Les récits de la manifestation du Christ ressuscité sont d'ailleurs révélateurs sur ce point car ils affirment à la fois que le Christ est vivant, qu'il est bien ce Jésus que les témoins ont connu en sa vie mortelle, mais qu'il est dans un autre état. Il apparaît et disparaît, marche et parle avec les disciples d'Emmaüs sans que ceux-ci le reconnaissent, fait son irruption toutes portes closes. On dirait un fantôme. Pourtant c'est bien lui. Madeleine le reconnaît, et Pierre, et Thomas. Aussitôt reconnu, il disparaît à nouveau, montrant ainsi la transformation radicale de son nouvel état.

La résurrection de la chair, c'est plus que la chair. Ce n'est pas la négation de la chair, mais son au-delà. L'homme que je suis ne flotte pas au-dessus de son corps. Mon corps c'est bien moi, même si parfois il me trahit, m'alourdit, me fausse compagnie. Mon corps n'est pas interchangeable. Il est unique. Je suis unique, dans ma biologie comme dans mon esprit. Je ne fus pas Xanthiu, au cinquième siècle, je ne serai pas Alisô au vingt-deuxième. Je ne suis que d'ici et de maintenant, pétri de chômage et de froid, de nos musiques et de nos fêtes. Je ne suis qu'un court instant de la vie. Mais je suis moi, unique, irrémédiable. Vous pouvez me tuer, brûler ma maison, jeter mes livres, saccager ma tombe, effacer toute trace de ma présence. Vous ne pouvez faire ce que je n'ai pas été. Je suis la mémoire de moi-même, je suis la mémoire de Dieu. Et je le prends à témoin qu'il garde mémoire de moi. Il m'a d'ailleurs donné sa Parole.

Ainsi la croyance en la résurrection de la chair ne signifie pas la réanimation d'un cadavre mais l'identité de la personne intégrale qui vivra en Dieu. Ce n'est pas quelque chose de moi qui vivra, mais moi, sans qu'on puisse d'avance préciser les formes de la survie. On peut simplement imaginer un état de parfaite transparence et de parfaite communion avec autrui, comme si finalement l'amour pouvait prendre toute la place.

La nouvelle vision de la cosmologie change radicalement notre vision de l'au-delà. Quand l'Écriture annonce le salut, elle l'évoque comme une nouvelle création : des cieux nouveaux, une terre nouvelle. Elle extrapole les expériences de bonheur pour les projeter, magnifiées, dans un monde renouvelé : un banquet, des noces, un repas, du bon vin et des viandes grasses, des chants, de la lumière, la paix, l'amour, une ville transfigurée comme un nouvel éden, «des arbres de Vie qui fructifient douze fois, une fois par mois» (*Ap* 22,2). «De mort, il n'y en aura plus; de pleur, de cri, de peine, il n'y en aura plus, car l'ancien monde s'en est allé.» (*Ap* 21,4)

Ce sont là des images et des symboles pétris de la vie humaine, de ses combats, de ses misères, de ses joies. En disant le salut, les évocations bibliques sont porteuses d'une extraordinaire solidarité avec le cosmos. L'être humain, tissé de la terre, mais seul porteur de l'image et de la ressemblance, retourne-t-il vers son créateur en tirant vers Dieu le cosmos dont il est issu? Anthropocentrisme délirant peut-être. S'en va-t-il donc vers Dieu dépouillé de cela même qui l'a fait vivre, la terre n'étant qu'une ébauche? La laisse-t-il derrière lui comme fait le vaisseau spatial de la fusée qui l'a propulsé dans sa poursuite de l'espace à découvrir? Qui croit au Créateur voit aussi en lui l'avenir absolu. Non pas un futur prévisible et mesurable, mais l'insaisissable de l'amour. L'espérance nous met en attente de la surprise de Dieu.

> Est-ce que je goûte pleinement
> chaque jour de ma vie?
>
> Comment est-ce que je perçois la promesse
> de Jésus d'une vie éternelle?
>
> Est-ce que je parle à Dieu?
> Est-ce que Dieu me parle?

Ma mère est couchée dans la terre
Mon père l'a suivie, quinze ans plus tard,
Au ventre de la terre, dans la mémoire des choses.
Et tous les autres avant,
Et tous les autres après,
Les aïeuls, les ancêtres, les oncles, les tantes,
Déjà ceux et celles de ma génération,
Les amis, les inconnus,
Les braves et les autres,
Mêlant leur souffle au souffle du vent,
Leur cendre à la poussière des choses...
Dorment-ils, voyagent-ils, rêvent-ils?
Sont-ils emmurés dans l'oubli?
Je n'ai que ta promesse et ta mémoire,
Je n'ai que ta parole pour vaincre l'infini poids de la mort.
Toi qui as créé le monde,
Te souviens-tu de nous avoir parlé?
Te souviens-tu de nous avoir aimés?
Te souviens-tu de nous avoir séduits?
Te souviens-tu de nous avoir mis en marche
Vers les contrées infinies du désir?
Tout au long du chemin, j'étais sûr de ta Parole,
À toi maintenant de la tenir.

IV

De la crise écologique
à la prière

Emplissez la terre et soumettez-la.

L'ancienne bénédiction est-elle en train de se changer en cauchemar? Dans l'imagerie biblique, l'être humain émerge de la création. Image et ressemblance, il doit refléter la paternité divine sur le monde. Cela fait-il de nous des cocréateurs? On l'a beaucoup affirmé depuis trente ou cinquante ans. Isolée de son contexte, la formule est plus qu'audacieuse. Elle est périlleuse. S'il a fallu longtemps mettre l'accent sur la capacité d'intervention des humains sur la planète, il semble qu'il faille plutôt maintenant mettre la pédale douce. Car la crise écologique est à nos portes.

Depuis deux siècles, en effet, l'âge technologique est triomphant. Allons plus loin: depuis quatre siècles, nous sommes à l'âge de la raison, une raison systématique, implacable. La raison se veut la mesure, l'unique, de toutes choses. La nature se réduit à une énigme qu'il faut déchiffrer. Descartes a dit, et on le lui reproche beaucoup maintenant, que grâce à la raison les humains deviendront «comme maîtres et possesseurs de la nature». L'être humain s'est affirmé comme l'ingénieur du monde. Il ne se contente plus de cultiver ou de gérer le monde à l'ombre de Dieu. Il s'affirme comme le maître de tout. Maître de l'atome, de la chimie, de l'énergie, de la vie et de la mort, du passé et de l'avenir, de l'origine du monde et de sa fin. Tant qu'il s'agit de connaître, passe encore. Mais l'être humain se veut efficace, maître de la technique. À ses propres forces et à celles des muscles de l'animal, ou même aux forces du vent et de l'eau, il a substitué la vapeur, le pétrole, l'atome. Il intervient dans la chimie, change le cours des eaux, construit des villes, invente l'auto et l'avion, bâtit des routes, coupe les montagnes. Darwin déjà était très impressionné par les résultats atteints par la sélection que ses contemporains opéraient sur les plantes et les animaux. L'être humain met partout l'artifice où était l'ordre naturel. À l'antique soumission à la nature, il substitue la soumission de la nature. Vivre la nuit, dormir le jour. Et ainsi de suite. Mais voilà qu'arrive l'imprévisible, que la situation se renverse. La nature qui, hier encore, était infiniment plus forte que nous devient tout à coup comme une chose fragile.

C'est la crise écologique. Elle a mille noms, mille visages. L'eau des rivières devient moins claire, l'air moins pur, le sol moins productif. La forêt recule, le désert progresse. Des espèces disparaissent trop vite, simplement chassées pour des raisons stupides, comme les éléphants qu'on tue pour l'ivoire de leurs cornes, ou acculées à la mort parce qu'on a détruit ou pollué leur habitat comme les bélugas qui semblent résister de moins en moins à la pollution des eaux. Le climat risque de se réchauffer, la pluie de s'acidifier, l'ozone de diminuer dangereusement. L'espèce humaine explose et semble en voie de consommer les ressources plus vite qu'elles ne se renouvellent. Épuiserons-nous en trois ou quatre générations le capital-nature? Et alors, quel avenir pour nos lointains descendants?

L'humanité qui, depuis 150 000 ans, vit sur la planète en espérant vaille que vaille survivre dans un combat incessant contre la nature, se réveille donc, un matin, en état de menacer cette même nature. Or nous sommes toujours des êtres biologiques qui doivent manger, respirer, boire, voir le ciel et les arbres, se protéger du froid et du chaud.

Halte! C'est la crise. Déjà visible aujourd'hui, mesurable pour une part. Et demain, ce pourrait être la catastrophe. Pour les plus pauvres d'abord, mais ultimement pour tous les humains. De cette crise, nous ne savons pas précisément toute la gravité. Nous ne savons pas le temps qu'il reste pour réagir. Est-ce une simple alerte, fausse comme tant d'autres, ou l'heure de la dernière chance?

Est-il si évident que l'être humain peut faire ce qu'il veut sur la planète, tuer l'animal, couper l'arbre, harnacher l'eau et le vent, jouer avec l'atome? Peut-il modifier le code génétique des espèces, y compris de la sienne, développer sans limite des biotechnologies, faire des bébés en laboratoire? Peut-il le faire sans risque, sans porter atteinte au sens de sa propre vie? La pilule anovulante ou la prothèse mammaire peuvent-elles donner aussi le cancer? L'usine peut-elle polluer? La route peut-elle détruire l'équilibre d'un milieu? (À cet instant même, en écrivant ces lignes le 22 janvier 1997, à 20 h 33, l'électricité a fait défaut. Fausse sécurité de la technique. La nature a ses fragilités qui peuvent dérégler des systèmes que nous croyons infaillibles. Heureusement, j'ai encore quelques chandelles!)

La crise écologique révèle une disharmonie entre l'être humain et la planète. L'âge technologique a correspondu à une suraffirmation de l'être humain sur la nature et cela même pourrait se retourner contre nous. D'où l'idée de refaire un nouveau contrat naturel, une nouvelle alliance avec la terre. Voilà un vocabulaire familier à la tradition chrétienne. Si nous avons cru à la possibilité de tout faire — et n'importe quoi — avec la nature, ce rêve paraît désormais illusoire. Nous heurtons ce que les psychologues appellent le principe de réalité.

De tous les angles où nous l'analysons, la crise écologique semble étroitement liée à la culture scientifique et technologique. C'est l'explosion de la puissance d'intervention des humains qui est à la source de la crise. Or cette explosion est essentiellement le fait de l'Occident chrétien. Nous l'avons dit plus haut, ce n'est pas l'héritage lui-même qui est mis en cause, mais sa perversion, son détournement athée. Bonne est la science, bonne est la technique, toutes deux expressions du génie humain et services de la société. Mais qu'arrive-t-il si la pensée technicienne occupe tout l'espace de la vie? Il est, pour les humains que nous sommes, trois tentations jamais surmontées, symbolisées par le récit des tentations de Jésus: la consommation, la magie, le pouvoir. Et c'est bien à cela qu'un développement insouciant des fragilités de la planète a conduit. Une consommation ostentatoire, accélérée, démentielle; un gaspillage éhonté. La magie consiste à croire à des solutions faciles, efficaces, sans douleur pour personne. Nous demandons inlassablement à la technique de corriger les erreurs de la technique. À chaque malaise, nous redoublons la technique, ce qui nous permet alors d'éviter de remettre en question nos choix et nos priorités, de nous inter-roger sur les finalités que nous poursuivons. Le pouvoir, il est grisant : pouvoir politique des puissants sur les pauvres, des nations développées sur les autres ; des savants et des experts sur les gens du peuple. Pouvoir fascinant du savoir, depuis l'informatique jusqu'aux décodages du génome. Pouvoir grisant de devenir comme des dieux : « Dieu sait que le jour où vous en mangerez, vos yeux s'ouvriront et vous serez comme des dieux possédant la connais-sance du bonheur et du malheur. » (*Gn* 3,5)

En se dissociant de Dieu, en se coupant de la nature, notre culture a comme donné cours à une violence qu'elle ne soupçonnait pas au fond d'elle-même. C'est pourquoi la crise écologique agit comme un révélateur. Au-delà de sa dimension technique, sociale ou politique, elle dévoile une situation spirituelle nouvelle qui oblige les chrétiens à dire nouvellement leur relation à l'environnement. Il nous faut réintégrer la nature dans notre vision spirituelle. Il ne suffit pas de répéter à l'infini quel-ques textes sortis de leur contexte et de nous draper dans je ne sais quelle seigneurie sur le monde animal ou végétal en nous targuant d'être des dieux. Il faut ressaisir l'héritage et le redire dans le contexte et les menaces de notre temps. Tâche urgente, tâche essen-tielle, tâche difficile.

🔹

Toi, tu as fait cela en six jours!
Bien sûr, quand on est Dieu!
Mais nous, en moins de dix mille ans
Nous en avons fait du chemin.
Nous en avons dompté des animaux,
Nous en avons cultivé des plantes!
Nous avons sondé l'océan
Et les montagnes, et les déserts
L'Éverest devient un lieu touristique
La Lune est notre banlieue et nous allons vers Mars.

Tu nous avais dit de dominer?
Mission accomplie.
Nous en avons tué des bêtes, et des hommes aussi.
Nous en avons coupé des forêts, et des têtes aussi.
Nous en avons tracé des routes, et des impasses aussi.
Nous en avons construit des villes éblouissantes, et de
laides aussi.
Nous avons produit des richesses, et la pauvreté aussi.
Avec nos deux mains et notre petit cerveau,
Regardant, observant, scrutant
Cherchant dans les étoiles ou fouinant dans la terre,
Nous avons déchiffré le monde.
Mission accomplie, ou presque.

Alors, pourquoi la crise?
Sommes-nous allés trop loin,
Avons-nous fait fausse route?
La mort est à nos portes, et l'ennui aussi.
Es-tu le mauvais Dieu?
Sommes-nous la mauvaise image?
Sommes-nous la caricature plutôt que la ressemblance?

Nous étions certitude et nous voici question.
Nous nous pensions maîtres de tout
Mais ne sommes plus maîtres de nous-mêmes.
La science nous échappe, la machine devient folle.

Il est temps de s'asseoir ensemble
De dresser les comptes, de faire le bilan.
Nous avons un contrat à refaire.

> **Est-ce que j'estime que la crise écologique
> est réelle et importante?
> Est-ce que je pense que la technique
> suffit à corriger les erreurs de la technique,
> ou est-ce qu'il nous faut, en certains
> domaines, changer de cap?**

Tous membres d'une même communauté

Nous avons beau nous prendre pour d'autres, nous sommes immergés dans la nature. Avons-nous un nombril? Question un brin impertinente mais moins futile qu'elle ne paraît. Le nombril est le reliquat de notre appartenance, la trace de notre animalité première, la mémoire de l'existence antérieure au ventre de la mère et de la très longue lignée des mammifères. Les anciens, qui prenaient les récits bibliques au pied de la lettre, se sont demandé si Adam avait un nombril. Nous ne pouvons plus en douter, comme nous ne pouvons plus douter de l'animalité de notre corps. Nous sommes, à part entière, des êtres naturels.

Humbles mortels, soumis au froid, à la faim, au vieillissement, à la mort. Menacés par les microbes et les maladies, y compris celles que nous partageons avec les animaux, comme la tuberculose, les maux d'estomac, l'arthrite, sans oublier la maladie dite de la vache folle. Nous sommes parasités par d'autres animaux, les rats dans nos égouts, les poux sur notre corps, phénomène réapparaissant toujours dans les milieux populaires, parfois les vers à l'intérieur. Nos intestins peuvent fonctionner grâce à une flore intestinale riche et abondante. Et ainsi de suite. Aucune victoire de la médecine ne semble définitive, même si certaines souches de maladie (comme la variole) semblent éradiquées. Notre très grande victoire depuis un siècle, c'est principalement l'hygiène. La médecine actuelle, interventionniste, coupe, tranche, ligature, pique, injecte, brûle, irradie. Elle médicamente tant qu'elle peut, ayant tendance à séparer le sujet malade et sa maladie et à traiter cette dernière comme une pure intruse. Cette tendance isolationniste à l'excès conduit à l'approche inverse qui part davantage du sujet malade pour le réunifier intérieurement et l'inscrire dans son milieu biologique et social. Cette dernière tendance nous renvoie d'ailleurs à la symbolique du mal (= maladie) comme coupure de relation avec Dieu, avec autrui, avec soi-même, avec la nature.

C'est bien connu, nous pouvons intervenir sur la nature, la modifier, la transformer, l'étudier, la déchiffrer. C'est tout l'objet de la science et de la technique. Sans cela, nous n'existerions pas comme espèce. C'est cette dimension créative de la culture qu'illustre le courant dominant de la médecine. Combien de gens seraient déjà morts si on ne les avait opérés pour le cœur, ou pour l'appendice, ou pour une grossesse ectopique? Mais nous ne sortons jamais entièrement de la nature, ce qu'illustre bien le courant opposé à la médecine dure dit courant des médecines douces, lequel prône un rapport plus étroit avec la nature. La crise écologique est le signe d'une rupture, l'effet pervers d'une réussite qui outrepasse ses propres acquis. S'il a fallu pendant quatre siècles affirmer notre capacité d'opposition à la nature pour permettre un meilleur confort, plus de sécurité, un démarrage du développement, nous percevons maintenant comme des signaux d'alerte qui nous disent d'amorcer des réconciliations avec la nature.

Or que raconte le premier récit de la création? Il parle de la création comme d'une seule œuvre s'ouvrant sur les ténèbres et l'abîme et s'achevant sur le repos de Dieu. Tout ce qui existe est une même œuvre, étalée, rythmée, mais également inté-grée. « Telle fut l'histoire du ciel et de la terre quand ils furent créés » (*Gn* 2,4a). Les humains ne sont pas des extra-terrestres. Nous sommes tous de la même semaine et de la même Parole. Nous sommes le fruit du même amour et de la même sollicitude. Il existe en toutes choses un reflet de Dieu, et si nous prétendons au statut d'image de Dieu, c'est simplement par une émergence plus explicite de ce qui est déjà dans toute la nature. Il y a en toutes choses une présence de la Parole divine, ce que dit bien le psaume 148 cité plus haut: « Louez Yahvé depuis la terre, montagnes et toutes les collines. » Des montagnes qui parlent et qui prient, quel paradoxe! Teilhard de Chardin disait qu'en toute chose, il y a un dedans et un dehors et qu'à mesure qu'on monte dans l'échelle des êtres, le dedans occupe de plus en plus d'importance. Il y aurait un dehors de la roche, mais aussi un dedans, minuscule certes, mais réel. Il y a un dedans de la plante qui déjà vit, s'organise, se structure, se déploie, gère ses propres mécanismes selon un programme propre à chaque espèce. Il y a un dedans de l'animal qui vit et qui souffre, qui joue, chante, séduit, se bat, fuit ou attaque, mange, dort et rêve, semble-t-il.

Ainsi nous appartenons à la communauté créationnelle. Nous sommes frères et sœurs de la lumière et de l'eau, les eaux d'en haut et les eaux d'en bas, du petit et du grand luminaire, des étoiles au firmament, des amas de galaxies et des trous noirs, des quasars et des constellations, de la verdure de la terre, de tout ce qui glisse et qui grouille dans les eaux. Nous sommes de la sixième journée, la même que celle des bêtes et des bestiaux. Nous sommes des mammifères. D'ailleurs la publicité ne manque pas de nous le rappeler chaque jour, faisant du sein le fantasme de toute la séduction. Nous sommes des primates.

S'il fut un temps où il fallait s'arracher à la nature, il est l'heure maintenant de développer les harmoniques de notre inscription dans la nature pour reconstruire la solidarité de notre commune appartenance. Cela est d'autant plus urgent que notre style de vie ne nous permet plus d'avoir une expérience constante et directe de la nature. Faut-il rappeler qu'un arbre en plastique n'est pas un arbre, ni un aquarium une rivière, ni une piscine un lac. Le chien domestique est devenu une production technique plus qu'un véritable animal.

Saint François d'Assise, qui avait entre autres apprivoisé un loup, parle de frère soleil et de sœur eau, mais aussi de notre sœur la mort. Il avait tout à fait raison. Nous sommes tous membres d'une même famille, d'une même communauté vivante et mortelle. Les biologistes disent : biotope. Peut-être pouvons-nous nous dire intendants, au sens d'une gérance à la manière d'une bonne Providence de Dieu, qui fait vivre et grandir, qui protège et prend soin, qui s'amuse dans le jardin à prendre la brise du jour. Mais l'intendance n'a de sens qu'à partir de la commune appartenance. Cela, nous l'avons oublié.

D'autres nous le rappellent et nous devons leur en rendre grâces. Cela, nous l'avons oublié parce que des courants qui nient Dieu ont isolé un texte de l'ensemble de notre héritage spirituel. Ils l'ont absolutisé, et nous aussi. À cause d'une longue dérive, nous avons eu tendance à nous exclure du monde cosmique qui est notre milieu originel.

Peu à peu nous revoilà solidaires de la planète, des plantes, des animaux. L'apôtre Paul a une expression d'une beauté émouvante laissant entendre que la nature souffre de l'asservissement dans lequel nous l'avons plongée : «toute la création jusqu'à ce jour gémit en travail d'enfantement : et non pas elle seule : nous-mêmes qui possédons les prémisses de l'Esprit, nous gémissons nous aussi intérieurement» (*Rm* 8, 22-23). Dites-moi, quand vous priez, portez-vous en vous-mêmes le flot de louange qui sourd de la terre et monte vers Dieu ? Sentez-vous les harmonies du monde qui retentissent en votre corps et trouvent à travers vous les chemins de l'action de grâces ?

> Est-ce que je cultive le sentiment
> d'appartenir à la création ?
> Est-ce que je sais perdre un peu de temps
> à regarder les nuages, les arbres,
> la neige, un animal ?

Seigneur, au seuil de cette nuit,
Nous venons te rendre l'esprit et la confiance.
Bientôt nous ne pourrons plus rien,
Nous les mettons entre tes mains
Afin qu'en toi nos vies demain
Prennent naissance.

Ce jour en train de décliner
Tu nous donnes de le tourner
Vers le mystère
Que fit le premier soir
La première aube sur les temps,
Et chaque soir au soir suivant
Dit ta lumière.

Rappelle-toi lorsque tu vins
Dans le vent de nuit au jardin
De la genèse
Afin que l'homme trouve au cœur
Un jour nouveau, plus intérieur
Qui le rappelle à son Seigneur,
Quand l'autre baisse.

(Patrice de La Tour du Pin, *Prière du temps présent,* p. 781)

Devenir prière pour le monde

Dans la solidarité avec toute la création, la prière chrétienne peut se déployer et retrouver des harmoniques qu'elle a vraisemblablement perdues. À cause de la révélation très amoureuse que Dieu fait de lui-même, nous avons tendance à n'inscrire la prière que dans le registre Je-Tu. Nous situant devant Dieu, nous nous affirmons devant lui : je te prie, écoute-moi, prends pitié de moi, secours-moi, aide-moi, console-moi. Parfois, nous parvenons à sortir de nous-mêmes : tu es beau, tu es bon, je t'adore, je me prosterne devant toi. Mais nous avons tendance à exclure l'univers cosmique qui nous entoure. Nous ne nous sentons pas réellement solidaires de la planète, des plantes, des animaux, sauf pour les demandes utilitaires : la pluie et le soleil pour les récoltes, le beau temps pour les vacances.

Avez-vous remarqué comment dans l'eucharistie la création est presque absente ? C'est à peine si, à l'offertoire, on affirme : « Tu es béni, Dieu de l'univers, toi qui nous donnes ce pain, fruit de la terre et du travail des humains. » Il n'y a jamais, ou si peu, de prière cosmique. Dans la nuit pascale, un petit bout de l'Exultet sur la lumière et le cierge tiré de la cire des abeilles. La symbolique de l'eau si puissante passe très vite à la signification baptismale. Et les bénédictions sur l'eau, lors de la célébration du baptême, sont d'une pudeur excessive. Les préfaces de la messe en ont pour les anges, les archanges, les principautés et toutes les cohortes célestes : rien pour les oiseaux, les poissons ou l'air. Même la symbolique du vent qui renvoie à l'Esprit n'est jamais vraiment élaborée. La liturgie ne semble pas accorder de vraie place à la nature. Autrefois, on compensait cela par le décor, les reposoirs, ou par les cantiques. Voici un exemple du temps de ma jeunesse :

> Le printemps s'éveille au souffle de mai
> La rose vermeille a tout embaumé
> La fraîche nature, les prés enchanteurs
> Pour toi, Vierge pure, s'émaillent de fleurs.

On voit vite qu'il s'agit d'une nature de carton-pâte, mièvre, doucereuse, qui n'est déjà plus la nature réelle. On dirait que les grands symboles naturels, l'eau, l'air, la terre, le feu, n'ont pas de consistance et ne servent que de prétexte à des affirmations théologiques. La prière liturgique semble plus soucieuse de doctrine que de beauté. Et c'est peut-être ce qui la rend si ennuyante à nos contemporains. Je recommande aux personnes qui lisent le présent livre d'aller admirer les verrières de l'église de Saint-Colomban (diocèse de Saint-Jérôme), œuvre de Marie-Marthe Gagnon, dont la thématique déploie l'œuvre de la création. C'est d'une fraîcheur et d'une

beauté émouvantes, avec un grand sentiment d'intégration à la nature. À mon avis, c'est ainsi qu'il nous
faut devenir la prière de la nature.

C'est la Parole de Dieu qui crée le monde. Tout ce
qui existe existe par sa Parole. Or un seul être est
pleinement à son image et à sa ressemblance, l'être
humain, le seul des animaux à parler. L'entrée dans
l'univers de la parole change le rapport à la biologie,
amorce le passage à la culture. La parole de la nature
demeure une parole sourde, implicite, non proférée.
Qui peut parler pour elle et faire remonter à Dieu la
louange? «Les cieux chantent la gloire de Dieu», dit
le psaume. Tout dit sa louange et sa beauté. Pourtant
c'est à travers la parole humaine que la nature trouve
son chemin et sa voix. Pour parler en termes
biologiques, la pulsion de louange qui surgit de la
terre n'arrive pas à se dire clairement. Le chant de
l'oiseau, le vol du papillon, la course du cheval ne
suffisent pas. Il faut plus et mieux, un verbe plus
explicite, une conscience plus profonde. J'entends en
moi le texte de «messe sur le monde» de Teilhard de
Chardin. La prière chrétienne doit devenir une prière
cosmique, jaillie du plus profond de la terre, portant
l'énorme pulsion de vie venue de l'arbre, de la fleur,
de tout ce qui vit et grouille sur la terre et sous la
terre pour émerger ensuite dans la louange humaine.
Il va de soi que celui ou celle qui priera ainsi ne se

conduira plus ensuite de la même manière dans tout ce qui le rattache à l'environnement.

C'est à cette dimension qu'il faut aussi rattacher l'esthétique musicale. Platon dit des choses étonnantes à propos de la musique. Dans la théorie du Big Bang, il y a l'hypothèse d'un grand Bang originel dont la résonnance serait encore perceptible. On parle d'un bruit de fond cosmique. La musique est-elle comme l'écho de cette harmonie du monde? Dans la musique il y a, bien sûr, le battement du cœur (la basse obligée de la musique baroque, le *beat* de la musique commerciale actuelle), la vague de la mer, les saccades du vent, la pulsion et l'accélération sexuelles, le grondement de l'orage. La musique est rythme d'abord. Et elle est harmonie, dissonance et assonance, fantaisie, plaisir indéfinissable de ce qui est suave, de ce qui vibre, de ce qui chante et pleure, de ce qui s'endort dans la paix. Dans ses conférences, Albert Jacquard évoque souvent cette idée qu'il manquerait quelque chose à l'univers si la musique de Mozart n'était advenue. Et qu'est-ce qu'une musique s'il n'y a d'oreille pour l'entendre? Nous avons besoin d'une esthétique de la nature, d'une esthétique chrétienne de la nature. Depuis toujours, la beauté est chemin vers Dieu.

Pour évoquer cette musicalité du monde et ce symbolisme de la nature, on me pardonnera de revenir cent quarante ans en arrière pour y puiser un des plus beaux poèmes de la langue française.

> Voici venir les temps où vibrant sur sa tige
> Chaque fleur s'évapore ainsi qu'un encensoir
> Les sons et les parfums tournent dans l'air du soir ;
> Valse mélancolique et langoureux vertige !
>
> Chaque fleur s'évapore ainsi qu'un encensoir ;
> Le violon frémit comme un cœur qu'on afflige ;
> Valse mélancolique et langoureux vertige !
> Le ciel est triste et beau comme un grand reposoir.
>
> Le violon frémit comme un cœur qu'on afflige,
> Un cœur tendre, qui hait le néant vaste et noir !
> Le ciel est triste et beau comme un grand reposoir ;
> Le soleil s'est noyé dans son sang qui se fige...
>
> Un cœur tendre qui hait le néant vaste et noir,
> Du passé lumineux recueille tout vestige !
> Le soleil s'est noyé dans son sang qui se fige...
> Ton souvenir en moi luit comme un ostensoir !

(Charles Baudelaire : *Harmonie du soir*)

La dimension divine de la nature

Dans les cultures dites animistes, il n'y a pas de rupture très nette entre les vivants. Une même vie, une même âme (animiste vient du latin *anima* : âme) pénètre l'ensemble de la nature. D'où un sentiment très vif d'une relation intime à la nature. Il n'y aurait donc pas de distinction claire entre la terre, la plante, l'animal et l'être humain. Dans certains cas, on évoque l'idée d'une migration de l'un envers l'autre, par exemple de l'être humain vers l'animal et vers la plante, et vice-versa. On parle alors de métempsycose, de voyage, de migration des âmes dans des états multiples. Parfois, les gens d'ici évoquent ces choses comme des fantaisies ludiques mais ce sont en vérité des visions qui montrent l'extrême fragilité de l'être humain, son évanescence. L'idée d'une personne humaine dotée de droits inalié- nables cadre assez peu avec une telle représentation. J'ai pour ma part des difficultés à me représenter mon âme détachée de moi, de l'unité corps et âme que je suis.

Sans nier la réalité des autres vivants et de la tendresse que nous leur devons, la foi chrétienne estime qu'il y a une frontière assez nette et impor- tante entre les êtres humains et les autres vivants. C'est d'ailleurs pourquoi nous n'avons pas d'inter- dits de nourriture. Ceux qui sont végétariens le sont par choix: pour des raisons de santé, ou d'éthique animale, mais pas pour des raisons d'interdits.

Les cultures animistes ont leur indéniable gran- deur et nous avons beaucoup à apprendre d'elles. Nous en reparlerons dans la conclusion de notre livre. Elles ont aussi leurs questions non résolues. Il faut par exemple rendre compte de la technique. Si nous prenons l'auto ou l'avion, utilisons un ordinateur, regardons la télé, il faut que notre vision du monde puisse fonder et légitimer un certain état de la technique. Dans une rencontre sur l'environnement, une religieuse amérindienne indiquait que, lorsqu'on lui demandait d'où elle venait, elle ne pouvait pas dire de Toronto car c'est une ville et qu'elle considère son appartenance à la terre comme trop primordiale pour qu'elle se dise d'une ville. Moi, je me définis davantage par mon appartenance à un groupe humain. Je suis né à Montréal. J'y ai vécu l'essentiel de ma vie. Et j'en suis fier. Dans notre pays, plus de 70 % des gens naissent, vivent et meurent dans des villes sans avoir connu ces lieux dans leur état de nature. Ils ne sont pas dénaturés pour autant. Il faut aussi rendre compte de cette expérience humaine importante et maintenant majoritaire.

Pourtant, en ville ou ailleurs, la nature demeure mystérieuse, fascinante, occasion d'une expérience spirituelle essentielle, voire primordiale. Pensons aux grands symboles cosmiques, à la montagne grandiose et écrasante, à la mer toujours fascinante, au désert, lieu de la solitude et de l'épreuve, à la forêt, lieu de l'étrangeté et de la menace. Chaque arbre, chaque animal s'inscrit dans un registre symbolique. Ce mystère de la nature est toujours d'une certaine manière un mystère divin. C'est la perception d'une présence plus grande que soi. C'est un frémissement de tout l'être. Je sais des athées qui ont retrouvé la foi en tenant leur enfant dans leurs mains. Ce miracle impossible, cette joie qui inonde et dissipe d'un coup tous les nuages accumulés. Je sais des croyants qu'un soleil couchant mène à la contemplation.

On a beau dire, on a beau faire, les temples importants, les basiliques et les lieux de pèlerinage sont souvent au sommet d'une montagne. En pleine ville, dans un monastère, vous trouverez dans le cloître un jardin enclos, trente mètres carrés de verdure et de silence, où la nature semble parler du créateur. Ou une fontaine, un petit étang, quelques fleurs. On dirait que la nature murmure Dieu. Cette complicité, elle est dans notre corps évidemment, car chacune de nos cellules se souvient du premier matin du monde, porte l'écho du Big Bang et de l'émergence de la première bactérie. Cette mémoire s'est transmise sur des milliards d'années. À mon avis, la méprise de la réincarnation réside ici, qui confond la mémoire cosmique inscrite dans la biologie et ses codes et la mémoire personnelle qui, elle, est liée strictement à l'individualité d'une personne unique. Je ne crois aucunement à la réincarnation, qui serait pour moi une régression alors que la Parole de Dieu m'appelle en avant. Mais je pense que toutes les cellules de mon corps sont immergées dans le cosmos et gardent vivante la mémoire du monde.

Cela, me semble-t-il, nous devons le cultiver et le dire, pour nous-mêmes d'abord et devant Dieu. Il nous faut redécouvrir l'épaisseur de la présence divine dans toute la nature, dans la fleur et l'animal, dans le vent et l'orage, dans le frémissement de l'eau à la brise légère. Pour moi, je l'ai dit souvent, le plus beau spectacle de la nature est une neige blanche dans un grand froid d'hiver. C'est une innocence, une douceur, un manteau d'hermine sur un sommeil d'enfant. Il nous faut, chacun à sa manière, débusquer ce côté divin de la nature, feuilleter les pages de ce premier livre qui précède l'Écriture et que les gens retrouvent quand ils ont tout oublié. Je me rappelle un vieux bûcheron qui, selon ses propres dires, avait eu une vie tumultueuse. Un jour d'hiver, il s'est placé auprès d'un arbre immense pour l'abattre. Et il racontait : « Je l'ai regardé. Il était tellement beau que je ne pouvais pas l'abattre. Sais-tu, il me semble que j'ai prié. C'était comme une prière. » S'il fallait que les bûcherons de la Price ou de la Domtar se mettent à s'interroger de la sorte !

Cet homme-là avait vécu une expérience religieuse de base commune à toute l'humanité. Être arraché à soi, être jeté devant un mystère insondable, plus beau, plus grand, plus fort que soi. À cause de cela, être ébranlé dans sa certitude, percevoir sa propre fragilité, s'abandonner. Acquiescer à plus grand que soi.

Bien sûr, ici les images maternelles surabondent. Il y a dans l'inscription dans la nature un retour à la mère primordiale. Mère Nature, comme disent les Amérindiens. La déesse mère, source de protection, de chaleur, de tendresse. Retour symbiotique à la mère et à la vie dans sa source première. Risque de régression infantile, bien sûr, mais aussi perception d'une tendresse primordiale. Dans nos images masculines de Dieu nous avons beaucoup refoulé la féminité. Dans le catholicisme surtout, nous transférons cette féminité sur la Vierge dans un mélange assez ambigu. Or il faut reconnaître une dimension féminine en Dieu même, dans la mesure où nous appliquons nos catégories humaines à Dieu. Le titre de Dieu Père ne peut pas suffire à dire Dieu. Il faudrait dire Père et Mère. Or la Nature symbolise bien cette dimension plutôt féminine du mystère de Dieu. Il faut dire ici merci à l'éco-féminisme de nous éveiller à cette dimension si importante de la Nature et de Dieu. Évoquant les merveilles de la nature et la façon dont Dieu la gouverne, un livre de la Bible, le Siracide, finit par conclure : « nous pourrions nous étendre sans épuiser le sujet; en un mot: «Il est toutes choses» (*Si* 43,27; traduction BJ).

Dieu a tous les noms. D'une certaine manière Dieu est en toutes choses et toutes choses sont en Dieu. C'est pourquoi il est si important de ne pas fermer la liste des noms de Dieu. Au contraire, il convient de la renouveler sans cesse. À cette fin, le livre de la Nature demeure ouvert et accessible à tous ceux qui cherchent et cheminent.

Seul, tu es indicible,
car tout ce qui se dit est sorti de toi.
Seul, tu es inconnaissable,
car tout ce qui se pense est sorti de toi.
Tous les êtres,
ceux qui parlent et ceux qui sont muets,
te proclament.
Tous les êtres,
ceux qui pensent
et ceux qui n'ont point de pensée,
te rendent hommage.
Le désir universel,
l'universel gémissement tend vers toi.
Tout ce qui est te prie
et vers toi tout être qui pense ton univers
fait monter un hymne de silence.
Tout ce qui demeure demeure par toi ;
par toi subsiste l'universel mouvement.
De tous les êtres, tu es la fin ;
tu es tout être, et tu n'en es aucun.
Tu n'es pas un seul être,
tu n'es pas leur ensemble.
Tu as tous les noms, et comment te nommerai-je,
toi le seul qu'on ne peut nommer ?

(Saint Grégoire de Nazianze,
dans *Prière du temps présent*, p. 658)

Conclusion

Le regard chrétien sur la création s'inscrit dans une perspective ample et complexe qui va de la création, comme initiative d'amour, au salut réalisé par Jésus Christ, notre bienheureux frère et Seigneur. Cette vision nous parle à la fois de la beauté du monde et de la grandeur de Dieu. À l'origine, il y a la folie et la gratuité de Dieu. Une origine qui ne correspond pas à un geste posé dans un lointain passé, mais qui correspond à un présent continu. Si Dieu cessait aujourd'hui de créer le monde, le monde cesserait d'exister. Au sein de la Nature, il y a l'être humain, fait de terre et de glaise, créature comme toutes les autres créatures et, de ce fait, membre à part entière de la création, mais aussi image et ressemblance du Créateur et, de ce fait, invité à exercer sur le monde une intendance à la manière de Dieu. Nous avons développé quelques harmoniques d'une vision chrétienne de la création sans prétendre avoir été complet d'aucune manière.

Les chrétiens et les autres croyants

Cette vision belle et riche ne dit pourtant pas tout. Elle a des limites. Dans sa formulation d'origine et surtout dans ses développements ultérieurs, elle est fortement anthropocentrique et insiste peu sur les devoirs et responsabilités de l'être humain à l'égard du reste de la création. Alors que le péché est rupture de relations, alors qu'à l'inverse la grâce se dévoile par une réconciliation et une harmonie retrouvée avec Dieu, les autres, soi-même et la nature, alors que Dieu même se révèle Père, Fils et Esprit, les chrétiens n'ont pas semblé, sauf quelques exceptions comme François d'Assise, très enclins à se percevoir comme d'humbles créatures associées à sœur eau et à frère arbre. De plus, quoique d'essence religieuse, la vision chrétienne a prétendu occuper tout le champ de vérité et tenté de s'imposer à toutes les sphères du savoir. D'où le long et difficile conflit avec la science.

C'est pourquoi les visions nouvelles issues de la science qui sont, d'une part, des théories scientifiques et, d'autre part, des discours de sagesse plus larges, interrogent la représentation chrétienne de la création et agissent à son égard comme un puissant décapant. Il nous faut assumer ce dialogue sans par ailleurs chercher trop vite un concordisme facile. Il me semble toutefois évident que ceux qui veulent aujourd'hui parler de Dieu de manière crédible en ces domaines doivent s'astreindre au minimum de connaissances scientifiques qui constituent la culture scientifique de base de notre époque.

Par ailleurs, la crise écologique témoigne d'un échec important de nos rapports avec la nature. La gérance de la création s'est mutée en exploitation et en violence où ni la justice envers les pauvres, ni la prise en compte des fragilités de la Nature n'ont été correctement assumées. D'où le double cri des pauvres et de la terre. « L'écologie sociale met en évidence la relation entre l'injustice sociale et l'injustice écologique » (L. Boff).

Si la crise écologique revêt l'ampleur que l'on soupçonne, elle menace la survie de l'espèce humaine elle-même ainsi que la survie de nombre d'autres espèces végétales et animales. La question écologique est planétaire. On peut se représenter la terre comme un seul navire, un vaisseau spatial, à l'égard duquel il n'y a pas de canot de sauvetage. Nous n'avons pas de planète de rechange. C'est ensemble que nous nous sauverons, c'est ensemble que nous nous perdrons, même si pour l'instant les plus riches veulent assurer leur propre survie en mettant la main sur les dernières ressources qui restent. La crise écologique n'a que faire des nos distinctions économiques, politiques, culturelles ou religieuses.

En tant que chrétiens, il nous faut nous laisser interroger et féconder par les autres traditions religieuses. Notre conception de la Nature est finalement très fonctionnelle et très utilitariste : nous ne la voyons que comme un bassin de réserves à notre service. Il nous faut écouter et comprendre les autres. Comprendre Schweitzer qui, marqué par le bouddhisme, respectait toute vie au point de faire un détour pour ne pas tuer un insecte ou de ramasser un ver sur la route pour le replacer dans l'herbe. Dans le débat actuel de la disposition à long terme des déchets nucléaires, Énergie atomique du Canada entrevoit stocker les déchets radioactifs dans des caves profondes creusées dans le Bouclier canadien, les sites prévus se trouvant principalement sur les territoires de nations amérindiennes. Or pour les Amérindiens, la terre est sacrée et on ne peut creuser dans le sol pour y enfouir des déchets. La terre est notre mère. L'acte technique envisagé ne cadre pas avec leur système éthique. Le chasseur amérindien chasse et mange de la viande. Mais il perçoit l'animal comme un frère et doit donc procéder à un rituel d'apaisement et de négociation pour que l'animal soit comme associé au don de sa propre vie dans une référence à un esprit commun. Respecter l'éthique des autres, c'est accepter des limites pour soi-même.

«Celui qui dit qu'il aime Dieu et qui n'aime pas son frère est un menteur» (première lettre de Jean 4,20).

Celui qui aime son frère mais n'aime pas plus loin est un menteur.

Celui qui aime l'humanité mais tue la terre est un menteur.

Celui qui ne cherche plus Dieu ne le possède pas,
Celui qui n'est pas inquiet de son amour n'aime plus,
Celui qui nie ses faiblesses a déjà perdu sa force,
Celui qui claironne ses vérités cherche à cacher ses doutes,
Celui qui s'ouvre à la lumière souffrira beaucoup,
Celui qui accepte le dialogue connaîtra aussi la peur,
Celui qui regarde la mort connaîtra l'effroi.

Celui qui sait écouter, par son silence enseignera beaucoup.

Celui qui s'est perdu souvent deviendra un phare.

Celui qui voyage connaît sa maison.

Rien n'est acquis, tout est à chercher,
Et l'amour, et Dieu, et soi-même.

La création n'est pas achevée
La grande semaine n'est pas encore finie,
Nous ne sommes encore que des apprentis,
Il nous reste à devenir humains.

Nous avons à recevoir le témoignage des membres des religions animistes comme ils ont à recevoir le nôtre. Nous avons à grandir ensemble et à trouver, dans et par le dialogue, au sein de nos traditions propres, des pistes de solution. La force de la tradition chrétienne, c'est l'insistance sur la justice comme service de Dieu et sur la préférence de Dieu pour les pauvres. Notre faiblesse, c'est d'avoir relégué la Nature à un décor et d'en avoir occulté la dimension divine.

Le dialogue avec les scientifiques peut aussi s'avérer plein de surprises. La question de Dieu redevient d'actualité, et plus largement celle du dépassement de la rationalité close. « Les raisons commencent avec la raison. La raison même n'est pas un fait de raison. Le saint cantique de l'Upanishad le mentionnait déjà : "Ce par quoi toute pensée pense ne peut être pensé." La religion ne se situerait-elle pas, par hasard, sur ce chemin ? » (L. Boff) Les scientifiques s'interrogent sur la signification ultime de la réalité. Ils paraissent méfiants à l'égard de nos représentations très fermées de Dieu alors que le bouddhisme zen semble gagner des adeptes.

Au fond, les réponses d'hier ne répondront pas aux questions d'aujourd'hui et de demain. Là comme ailleurs, l'audace, l'imagination, l'intuition, un mélange de passion et de rigueur intellectuelle, et par-dessus tout le goût de chercher sans fin la vérité s'imposent comme les vertus de l'avenir.

Une simplicité retrouvée

Croire au Dieu Créateur, c'est croire que quelqu'un nous précède, nous aime, nous accompagne, nous attend, nous prend sous son aile, nous protège, etc. Ce sont là des figures naïves qui, prises au pied de la lettre, peuvent conduire à un certain infantilisme, à une démission de soi. Diverses critiques venues de la science, de Freud, de Marx nous forcent à dépouiller certaines images trop simples. L'enfant qui se couche le soir prie Dieu pour qu'il fasse beau demain, pour que l'examen soit réussi sans avoir à étudier, pour que le Père Noël mette des cadeaux sous le sapin. L'adulte sait qu'il faut aussi écouter les prévisions de la météo, étudier pour savoir et vérifier sa marge de crédit pour le temps des fêtes. C'est donc avec scepticisme que nous abordons certains textes évangéliques comme celui-ci:

> Ne vous inquiétez pas pour votre vie de ce que vous mangerez, ni de votre cops de quoi vous le vêtirez. La vie n'est-elle pas plus que la nourriture, et le corps plus que le vêtement? Regardez les oiseaux du ciel: ils ne sèment ni ne recueillent en des greniers, et votre Père céleste les nourrit. Ne valez-vous pas plus qu'eux? (*Mt* 6,25-26, traduction BJ)

Il y a longtemps déjà que les êtres humains ne sont plus comme des oiseaux cueilleurs. Si nous n'étions que des cueilleurs, nous serions peut-être quelques millions, mais certainement pas six milliards d'humains sur terre.

La foi en la création et au Créateur ne peut donc pas se contenter d'être une foi naïve et irresponsable. Qui ne cultive pas ne récoltera pas, qui ne se protège pas du froid n'aura pas chaud, fût-il croyant. Nous savons depuis longtemps que l'être humain est à lui-même sa propre providence. Providence est d'ailleurs à la racine du mot prudence. L'être prudent, c'est celui qui prévoit et planifie, qui anticipe les saisons, imagine des possibles, invente des moyens pour contrer le sort. La foi en Dieu ne peut en aucune manière reposer sur le refus de ses propres responsabilités.

Nous ne pouvons donc nous contenter d'une foi naïve, infantile, en la création de Dieu. Il nous faut, au contraire, prendre nos propres responsabilités, assumer une intendance à l'égard du monde au moins pour notre propre survie. L'humour populaire observait avec bon sens à propos des moineaux : «As-tu vu ce qu'ils mangent?»

La bonne Providence de Dieu ne dispense pas l'être humain de ses propres responsabilités. Au contraire, la sagesse de Dieu confie aux humains leur propre destin : « je mets aujourd'hui devant vous bénédiction et malédiction » (*Dt* 11,26). Un abandon pur et simple dans un quiétisme absolu peut être le fait d'individus exceptionnels. Si c'était une attitude généralisée, ce serait un suicide ou de l'infantilisme.

La création de Dieu fonde notre propre responsabilité. Être image de Dieu, c'est être responsable de soi et voir à sa propre survie. C'est aussi, nous l'avons vu, assumer une certaine place dans le monde, humble mais importante. Mais une fois l'œuvre accomplie, une fois le travail achevé, une fois le génie déployé, une fois la connaissance élaborée, il faut se démettre de tout cela et s'en remettre à Dieu. Une fois que l'on a fait tout ce qui relève de soi, qui est beaucoup mais toujours tellement mince par rapport à tout le reste, il faut se démettre de sa vie. Chacun, chacune, un jour, voit sa limite : beauté, santé, fatigue, dépression, échec, haine d'autrui, mort. Au bout de sa mesure, honnête et bien tassée, l'artisan humain doit abdiquer de lui-même et retrouver, au-delà de l'œuvre et de la fatigue, la bonne Providence de Dieu. C'est cela aussi le sabbat, c'est cela l'action de grâces. C'est cela, me semble-t-il, qu'évoque le texte de Matthieu cité plus haut et dont voici la suite :

Du vêtement, pourquoi vous inquiéter? Observez les lis des champs, comme ils poussent: ils ne peinent ni ne filent. Or je vous dis que Salomon lui-même, dans toute sa gloire, n'a pas été vêtu comme l'un d'eux. Que Dieu habille de la sorte l'herbe des champs, qui est aujourd'hui et demain sera jetée au feu, ne fera-t-il pas bien plus pour vous, gens de peu de foi! Ne vous inquiétez donc pas en disant: qu'allons-nous manger? qu'allons-nous boire? de quoi allons-nous nous vêtir? Ce sont là toutes choses dont les païens sont en quête. Or votre Père céleste sait que vous avez besoin de tout cela. Cherchez d'abord le Royaume et sa justice, et tout cela vous sera donné par surcroît. Ne vous inquiétez donc pas du lendemain: demain s'inquiétera de lui-même. À chaque jour suffit sa peine.

(*Mt* 6,28-34, traduction BJ)

Cette métaphore de l'abandon confiant me semble correspondre à l'un des grands besoins spirituels de notre époque. Inquiets, fébriles, actifs, productifs, nous sommes en manque de confiance. Nous ne sommes maîtres ni du début, ni de la fin. Sans négliger aucunement l'importance et le sérieux de l'intendance humaine, nous avons à retrouver le sens du repos et de l'action de grâce. Heureux, comme dit Péguy, l'enfant qui s'endort en faisant sa prière.

Pour prolonger la réflexion

Le présent livre aborde la question écologique sous l'angle précis de la foi au Dieu Créateur. Ayant abordé souvent et de bien des manières la question écologique, je me permets de suggérer quelques titres dont je suis l'auteur et quelques autres ouvrages.

D'André Beauchamp

Pour une sagesse de l'environnement, Outremont, Novalis, 1991, 221 pages.

Ce livre présente un survol de la crise de l'environnement et propose des pistes d'éthique et de spiritualité chrétienne.

Introduction à l'éthique de l'environnement, Montréal, Éditions Paulines, 1993, 222 pages.

Livre plus technique et plus savant sur l'éthique de l'environnement.

Dans le miroir du monde, Montréal, Médiaspaul, 1995, 216 pages.

Livre de vulgarisation sur les symboles et les rites de la vie quotidienne.

Crise de l'environnement et représentations de la place de l'être humain dans le cosmos, Ottawa, Concacan (Conférence des évêques catholiques du Canada), 1995, 39 pages.

Série de fiches techniques et théologiques avec bibliographies spécialisées.

Gérer le risque, vaincre la peur, Montréal, Bellarmin, 1996, 187 pages.

Livre à caractère savant sur l'éthique de la gestion du risque.

De la terre et des humains, Montréal, L'Essentiel, 1996, 143 pages.

Présentation vulgarisée de l'ensemble de la question écologique.

BOFF, Leonardo. *La terre en devenir*, Paris, Albin Michel, 1994, coll. Paroles vives, 259 pages.

Le célèbre théologien de la libération fait le lien entre l'écologie et la lutte pour les pauvres. Lapidaire et suggestif.

FOX, Matthew. *La grâce originelle*, Montréal/Paris, Fides/DDB, 1995, 416 pages.

Un très beau livre, très suggestif.

GORE, Al. *Sauver la planète Terre*, Paris, Albin Michel, 1993, 349 pages.

Un livre de réflexion politique sur la crise de l'environnement. Ni utopique, ni désespéré. Al Gore est vice-président des États-Unis.

KI-ZERBO, Joseph. *Compagnons du soleil*, Paris, La Découverte/UNESCO/Fondation pour le progrès de l'homme, 681 pages.

Une anthologie des grands textes de l'humanité sur le rapport entre l'être humain et la nature.

PELT, Jean-Marie. *Le tour du monde d'un écologiste*, Paris, Fayard, 1990, 488 pages.

Un merveilleux livre qui décrit les écosystèmes de la planète et la relation entre la nature et les humains.

PELT, Jean-Marie. *Au fond de mon jardin*, Paris, Fayard, 1992, 322 pages.

Un autre très beau livre de Pelt, en écho au jardin de la Genèse.

Références

Beaucoup de thèmes très vastes sont abordés dans ce livre. J'ai tiré profit des livres suivants :

1. Sur les problèmes scientifiques (origine de l'uni-vers, darwinisme, évolution)

GOULD, Stephen Jay, 1979. *Darwin et les grandes énigmes de la vie*, Paris, Points sciences S43.

GOULD, Stephen Jay, 1982. *Le pouce du panda*, Paris, Le Livre de poche, Biblio essais 4036.

HAWKING, Stephen W., 1989. *Une brève histoire du temps*, Paris, Flammarion, Champs 238.

KLEIN, Étienne et Michel SPIRO, 1996. *Le temps et sa flèche*, Paris, Flammarion, Champs 339.

LEWIN, Roger, 1991. *L'évolution humaine*, Paris Seuil, Inédit sciences S70.

REEVES, Hubert, 1988. *Patience dans l'azur*, Paris, Seuil, Points sciences S55.

REICHHOLF, Josef H., 1993. *L'émancipation de la vie*, Paris, Flammarion, Champs 344.

REICHHOLF, Josef H., 1991. *L'émergence de l'homme*, Paris, Flammarion, Champs 273.

TRINH, Xuan Thuan, 1989. *La mélodie secrète*, Paris, Fayard, Le temps des sciences, 390 pages.

2. Sur les rapports entre la science et la foi

GANOCZY, Alexandre, 1995. *Dieu, l'Homme et la Nature*, Paris, Cerf, Cogitatio fidei 186, 347 pages.

MINOIS, Georges, 1990 et 1991. *L'Église et la science*, Paris, Fayard.

tome 1: *De saint Augustin à Galilée*, 484 pages.

tome 2: *De Galilée à Jean-Paul II*, 526 pages.

3. Sur les questions bibliques.

HARI, Albert, 1995. *L'écologie et la Bible*, Paris, Éditions de l'atelier, 239 pages.

VOGELS, Walter, 1992. *Nos origines*, Outremont, Novalis, L'Horizon du croyant.

4. Sur la dimension théologique.

DREWERMANN, Eugen, 1993. *Le progrès meurtrier*, Paris, Stock, 367 pages.

MOLTMANN, Jürgen, 1988. *Dieu dans la création*, Paris, Cerf, 419 pages.

Table des matières

Collection Vivre sa foi

Guy Durand avec la collaboration de Jocelyne Massé
LE CREDO DE LA VIE

Denise Lamarche
JÉSUS CHRIST POUR SAUVER LE MONDE

Bernard Lacroix
L'ESPRIT SAINT ET L'ŒUVRE DU SALUT

Richard Guimond
DIEU LE PÈRE ET LE SALUT DU MONDE
(à paraître)

André Beauchamp
DEVANT LA CRÉATION
REGARDS DE SCIENCE, REGARDS DE FOI